모든 아이는
특별합니다

모든 아이는 특별합니다

초판 1쇄 2021년 12월 15일

지은이 강삼영

펴낸이 김준연
편집 최유정
펴낸곳 도서출판 단비
등록 2003년 3월 24일(제2012-000149호)
주소 경기도 고양시 일산서구 고양대로 724-17, 304동 2503호
전화 02-322-0268
팩스 02-322-0271
전자우편 rainwelcome@hanmail.net

ISBN 979-11-6350-047-6 03370

모두를 위한 교육
그다음 여정을 준비하는
강삼영의 특별한 이야기

모든 아이는
특별합니다

단비
danbi

모든 아이는 특별합니다

첫서리가 내렸던 주말. 온 산을 뒤덮을 것 같던 칡덩굴은 회색 빛을 하고 주저앉고 그 틈으로 작은 국화가 노랗게 빛나고 있습니다. 길가에서 그늘을 만들어 주던 벚나무는 하늘 가까운 잎부터 붉게 물들었습니다. 고집 센 은행나무는 아직은 아니라는 듯 초록색을 지키고 섰습니다. 같은 자연 현상을 대하는 모습이 이렇게 다릅니다.

우리 아이들도 마찬가지입니다. 찬 바람이 불자마자 지난겨울 입었던 두툼한 윗도리를 꺼내 입는 아이가 있는가 하면 아직은 끄떡없다고 반바지를 입고 학교에 가는 아이도 있습니다.

미래에 대한 전망이 넘쳐납니다. '인구 감소, AI, 빅데이터, 메타버스, 기후위기'와 같은 낱말들이 우리 무의식에 자리 잡기 시작했습니다. 미래를 예측하는 이야기를 듣다 보면 뭘, 어떻게 준비하라는 것인지 공포감이 들기도 합니다. 하지만 두려워하고 있을 수만은 없습니다.

미래학자들이 동의하는 미래사회의 특징은 '불확실'하다는 것입니다. '불확실성'에 대비하는 가장 좋은 방법은 '다양성' 또는 '가소성'이 아닐까 싶습니다. 우리 사회가 다양성을 존중하고 서로 다른 삶을 응원해 준다면 사회적 연대는 더욱 굳건해질 것이고 급작스런 사회변화에 적응하는 힘도 커질 것입니다. 그리고 가소성은 무엇으로든 바뀔 수 있는 유연함과 변화를 창조해 낼 수 있는 성질입니다. 미래사회가 어떤 모습으로 바뀌더라도 배움의 즐거움, 그리고 다양성과 가소성만 잃지 않는다면 크게 걱정하지 않아도 됩니다. 다양성과 가소성이라는 특성을 갖고 있는 존재는 바로 아이들입니다. 그래서 '아이들이 희망'이라고 하나 봅니다.

우리의 희망인 아이들은 오늘도 학교에 옵니다. 어떤 아이는 공 차는 것이 좋아서, 누구는 친구들과 놀고 싶어서, 또 어떤 아이는 급식이 너무 맛있어서 학교에 올 것입니다. 학교에 오는 까닭이 저마다 다르지만 수업시간에는 어른들이 그렇게 좋아하는 공부를 합니다.

이렇게 학교에 온 아이들에게 배움이 일어날 수 있도록 선생님들은 늘 애씁니다. 예비교사 시절부터 어떻게 하면 학생 중심 수업을 할 수 있을까 고민합니다. 학생 중심 수업, 한때의 유행처럼 오고 가는 단순한 수업 방법의 변화를 말하는 것이 아닐 것입니다. 학생들의 참을 수 없는 호기심에서 모든 배움이 시작되어야 한다는 뜻이 아닐까 생각합니다. 그래서 위대한 교육자의 수업 장면은 늘 학생들의 질문과 이야기에서 시작됩니다. 자신들이 궁금해하는 것, 하고 싶은 일을 위한 공부는 지겹지 않고 재미있을 수밖에 없습니다. 우리가 갖고 있는 학교에 대한 무의식을 이렇게 하나하나 바꿔 갔으면 합니다.

아이 하나하나가 너무나 소중하다고 말들 하지만, 아이를 키우는 일이 학교와 부모의 힘만으로 가능한 시대가 아닙니다. 가정과 학교뿐만 아니라, 지역사회가 함께 나서야 합니다. 가정과 학교가 문을 열고 아이들을 위해 머리를 맞대야 합니다. 마을의 이야기가 교실로 들어와 좋은 공부 거리가 되고, 우리 아이들과 교사들이 어떤 공간에서 어떻게 배움을 이어 가는지 지역사회가 알아야 합니다. 그렇게 되면 우리 아이들을 위해 아름다운 공간과 따뜻한 사람을 내어 주는 일에 모두가 공감할 수 있을 겁니다. 아이들의 삶 속에서 '마을'이 그런 역할을 해야 한다고 봅니다. 내가 안전하다고 느끼고 사랑받는다고 느낄 수 있는 보살핌 체계, 그리고 그런 신뢰 위에 자신이 좋아하는 일에 몰입하고 성취할 수 있는 기회. 그것을 마을이 함께 감당해 주면 좋겠습니다.

'비전(Vision)'은 '보이는 미래의 상황'을 뜻합니다. 문득 이런 생각을 해 봅니다. 과거는 지나갔고, 미래는 오지 않았습니다. 그리고 현재는 아주 짧은 찰나에 지나지 않습니다. 그렇다면 삶이란 과거의 기억과 미래에 대한 전망을 현재로 착각하는 것이 아닐까. 오지 않은 상황을 현실에서 보여 줘야 하는 일, 고개를 갸웃거리면서도 '그렇게 되면 좋겠다'고 공감할 수 있도록 누군가 먼저 손을 내밀어야 합니다. 저는 이 책이 그런 역할을 해 주길 바랍니다. 아이들의 고유함과 다양함을 존중하고, 무엇이든지 될 수가 있는 가능성을 잃지 않도록 돕고, 배움의 즐거움을 느끼며 미래로 나아가는 데 도움이 되었으면 합니다. '가장 빛나는 순간은 가장 힘든 순간과 함께 온다'는 말이 있습니다. 어쩌면 배움의 과정이 바로 '힘든 순간과 빛나는 순간'이 함께하는 시간이 아닐까 싶습니다. 강원의 아이들이 그 순간을 마주할 수 있도록 함께 지혜를 모아 갔으면 좋겠습니다.

　모든 일은 누군가의 이야기에서 시작하는 법입니다. '모두를 위한 교육' 첫 번째 이야기가 튼튼한 나무로 자랐습니다. 강원교육 구성원 모두가 뿌리였고, 줄기였고, 꽃과 열매였습니다. 수고했다고 잘했다고 격려하고 다독여 줬으면 좋겠습니다. 이제 모두를 위한 교육은 두 번째 이야기를 펼치기 위해 단단하게 준비하고 있습니다. 우리들의 새로운 이야기가 다시 잎과 꽃이 되고 열매가 될 것입니다.

　가을이 깊어질수록 바람 끝은 더 매워지겠지요. 울긋불긋 곱던 나무는 잎을 다 떨구어 앙상한 것 같지만 꽃눈과 입눈을 품고 있습니다, 한해살이풀은 씨앗에 생명을 담고, 여러해살이풀은 뿌리에 힘을 모았습니다. 어디선가 아이들의 이야기가 꿈결같이 들립니다. 가만히 노란 수선화가 수줍게 고개를 드는 따뜻한 봄날을 떠올려 봅니다.

2021년 11월,
동해 망상에서 강삼영

눈 녹으니

마당에

눈삽 하나

싸리비 한 자루

비료 포대 두 개

목장갑 한 짝

개똥 두 덩이

담배꽁초 두 개.

뾰족 나온 수선화 새싹.

민병희
강원도교육감

1974년 정선여중에서 시작한 50년 가까운 나의 교육 여정을 교육감실에서 마칠 날이 머지않았다. 교사로 28년, 교육위원과 교육감으로 20년을 아이들과 함께하면서 수많은 사람을 만났다. 돌이켜 보면, 시대와 불화하는 선생이었던 내게 선배들은 배움의 대상이기보다 극복의 대상일 때가 많았다. 때로는 저항하고 때로는 논쟁하고 설득하면서 새 길을 만들어 오는 동안 많은 후배들이 힘이 되어 주고 함께 길을 걸었다. 그들에게 힘입어 늘 스스로 돌아볼 수 있었고 새로운 시각으로 세상을 볼 수 있었다. 강삼영 강원도교육청 기획조정관도 내가 지나온 길에서 큰 자리를 차지하는 후배이다.

　전교조에서 시작된 강삼영과 나의 인연은 내 교육감 임기 전 과정을 가까이에서 함께하는 것으로 이어졌다. 교사 시절 강삼영은 누구보다 아이들을 사랑했고, 글쓰기를 통해 아이들 삶을 빛나게 하는 데 열성을 다한 것으로 기억한다. 내가 교육감에 당선되면서 강삼영은 교육감직 인수위원회 성격인 '모두를 위한 교육 추진단'의 일원으로 합류하여 새로운 강원교육의 밑그림을 그리는 데 역할을 했다. 이후 대변인, 태백미래학교장, 교원정책과장, 기획조정관으로 일하며 그 누구보다 세밀하게 강원교육의 구석구석을 들여다볼 수 있었다. 그 과정에서 다양한 사람들을 만나며 강원교육 정책의 오늘을 분석하고 내일을 위해 무엇을 어떻게 채워 나갈지 통찰하는 안목을 갖추었다.

　이 책에는 교사로서, 행정가로서의 경험과 성찰을 바탕으로 강삼영이 그리는 교육의 내일이 담겨 있다. 코로나19 이전과 이후의 학교는 달라야 한다. 코로나 초기에는 "이 와중에 학교에 가야 하나?"라는 의견이 대세였지만 지금은 "그래도 학교는 가야 한다"가 사회적 합의로 자리 잡았다. 아이들의 인지적·정서적 성장을 위해 학교를 대체할 기구는 없다는 것이 분명해진 것이다.

　강삼영이 생각하는 "그래도 가야 하는 학교"의 핵심은 아이 한

명 한 명을 소중히 여기고 그 아이들의 특성에 맞는 맞춤형 교육을 하는 학교다. 그 학교에는 줄 세우는 평가가 아니라 성장을 돕는 평가, 경쟁이 아니라 협력 속에서 커 가는 아이들, 다양한 동아리 활동으로 저마다의 개성과 재능을 키우는 아이들, 생태 가치를 소중히 여기고 지속 가능한 삶의 바탕을 만드는 교육, 전문성과 사랑을 바탕으로 아이들을 위해 협력하는 교직원이 있을 것이다.

3선 교육감으로 일하면서 제도와 학교문화의 많은 부분을 바꾸었지만, 교육에 완성은 없기에 가야 할 길은 아직 멀다. 나에게 주어진 사회적 임무는 교육에 씌워진 온갖 편견과 고정관념의 단단한 벽을 깨고 새로운 눈으로 새 판을 짜는 것이었다. 그 판에 새로운 싹들이 자라고 있다. 이 싹들을 튼튼히 키우고 아이들을 위해 새 그림을 그리는 것은 남은 사람들의 몫이다. 강삼영이 이 책에서 풀어놓은 담론들은 더 새로운 교육을 만들기 위해 교육 구성원들이 머리를 맞댈 가치가 충분하다. 많은 사람들의 지혜를 덧붙여 강삼영의 생각이 아이들에게 현실로 다가갈 수 있는 날이 오기를 기대한다. 후생가외後生可畏의 전형이 만들어지기 바란다.

김진경
대통령직속 국가교육회의 의장

　예전에 농산어촌 학교를 보며 '외계에서 날아온 UFO 같다'고 생각한 적이 있다. 교원들은 그 지역에 거주하는 경우가 거의 없어 아침 8시에 우주선을 타고 나타났다 오후 네시 반이 되면 외계로 사라진다. 학교는 학생들에게 성공해서 빨리 이 지역을 벗어나 대도시로, 서울로, 서구의 어느 나라로 떠나라고, 학교를 졸업하고도 이 지역에 남으면 너는 낙오자라고 가르친다. 이러한 학교의 모습은 서구 모델 따라가기, 산업화 시대의 교육시스템에서 비롯된 것이리라.

　그런데 자기가 사는 시공간과 삶을 변방의 변방으로 생각해 혐오하는 사람이 과연 창조적인 사람일 수 있을까? 창조적 인간이란 어디에 있든 자기가 서 있는 곳을 우주의 중심으로 보고 질서를 부여해 세계를 창출해 내는 사람이 아닌가?

우리의 교육은 산업화 시대의 고정된 직업을 가지고 정해진 매뉴얼에 따라 일하는 인간을 길러 내는 데는 적합할지 몰라도 창조적 인간과는 참 거리가 멀었다. 그래서 김영삼 정부의 5·31 교육개혁부터 이십여 년간 창조적·융합적 사고를 강조해 왔지만 학교는 크게 달라지지 않았다. 중앙의 전문가와 관료들이 서구에 기원을 둔 지식과 정책들을 하향식으로 내리고, 전달과 시행 여부를 관리 감독하는 산업사회 교육시스템이 온존한 상태에서는 창조적·융합적 사고조차 암기 숙지해야 할 또 하나의 지식 이상이 아니게 된다.

그런데 근래 희망적인 변화들이 학교와 지역 현장에서 나타나고 있다. 학교 역할의 초점이 지식 중심의 '학력'에서, 지식과 자아형성이 하나로 결합된 '살아가는 역량'으로 옮겨 가고 있다. 과거에는 '교과 전문가의 지식 전수 활동'으로서의 교수·학습이 주였다면, 최근에는 학습을 통해 '배움과 삶을 주도하는 시민'을 양성하는 것, 학생의 행위 주체성과 세상에 선한 영향력을 끼치기 위한 '변혁적 역량'에까지 관심이 확대되고 있다. 그에 따라 지역의 교사, 주민, 학부모, 학생, 마을교육공동체 시민운동, 평생학습 활동가, 기초지자체 등이 새로운 교육의 주체로서 발언이 활발해지고 있다.

이 책은 어쩌면 이러한 변화의 실마리를 부여잡고 그 진폭을 키우기 위해 관성과 부단히 부대끼는 치열한 몸부림과 같다. 교육과정과 지역사회 협력, 학교자치, 교원 임용인사 전략까지, 국가교육회의가 고민해 온 주제들과 결을 같이하고 있다. 그러면서도 현학에 빠지지 않고, 허세를 부리지도 않으며, 담담하게 교육의 본질을 찾고 현실 가능성을 모색하는 일련의 과정에서 저자에게 '불가능한 꿈을 꾸는 리얼리스트'의 풍모가 느껴진다. 마침 저자의 위치가 강원교육의 정책을 기획하고 미래를 모색하는 자리다 보니, 사뭇 기대가 크다.

한국 교육은 분기점에 섰다. 내년에 출범하는 국가교육위원회는 정파를 넘어, 산업화 시대 교육의 패러다임을 넘어서는 국민참여형 교육 제도와 정책을 실현해 나갈 것이다. 2022 개정 교육과정과 2025년 고교학점제 전면화, 2028년 대입 개편 등 굵직한 선택의 기로에서 실천으로 단련된 저자의 고민과 강원교육 현장의 목소리가 큰 힘이 될 것으로 믿어 의심치 않는다.

조한혜정
문화인류학자, 하자센터 설립자

시대의 선각자 이반 일리히는 1970년에 『학교 없는 사회 de-schooling society』라는 다소 과격한 제목의 책을 출간합니다. 그 책에서 그는 타율적 관리의 장이 되어 버린 학교를 버리자고 말합니다. 더 이상 배움이 일어나지 않는 곳, 졸업장과 자격증을 주는 학벌사회의 제도로 전락한 학교를 이제 끝내도 된다는 것이지요. 그는 아이들을 위해 자율적 공생의 활동이 벌어지는 '사회'를 만들자고 제안합니다. 학교 대신 학습망이라는 네트워크를 통해 인간관계를 배우고 자율 공생의 삶을 익히는 새로운 교육의 장을 열자고 했습니다.

이 책이 출판된 지 50년이 지났습니다. 그사이에 한바탕 제도권

학교의 붕괴 현상이 일었고 다양한 대안교육의 시도들이 일었습니다. 작은 학교 만들기, 혁신 학교 만들기, 학교 안에 자율과 공생의 대안 교실을 만들려는 시도도 있었습니다. 그리고 코로나19 사태가 터졌습니다. 아이들은 마스크를 쓰고 등교를 해야 하거나 학교에 아예 가지 못하게 되었습니다. 아이들은 맛있는 급식을 그리워했고 친구들과 뛰어놀 운동장을 원했습니다. 골고루 영양을 갖춘 정성 어린 점심밥을 먹는 시간, 마음대로 책을 꺼내 읽을 수 있는 도서관과 어리광을 피울 수 있는 선생님이 있는 그곳이 얼마나 소중한 곳인지를 알게 되었습니다. 그래서 아이들이 새삼 학교를 다시 보고 좋아하기 시작했습니다.

미래학자는 지금 40대 이하인 사람들은 전례가 없는 삶을 살아가게 될 것이라고 말합니다. 이번 코로나19 사태로 이미 산업용 로봇이 급속도로 개발되고 판매되기 시작했습니다. 지금 아이들이 만나게 될 직업 세계도 상상하기 어려울 정도로 바뀔 것입니다. 그러니 지금의 교과서를 익히느라 그렇게 많은 시간을 보내야 할까요? 제대로 한글을 읽고 쓰고, 기본적 셈을 하고, 책 읽기를 좋아하는 정도의 학습이 이루어지면 그때부터 온라인과 오프라인을 통해 스스로 학습하는 환경을 만들어야 하지 않을까요? 자신이 무엇을 할 때 즐거운지, 어떤 일을 잘하는지, 어떤 세상에서 살고 싶은지, 누구와 일을 하면 성과가 나고 누구와 함께하면 잘하던 일도 못하게 되는지 등 성공과 시행착오를 몸소 겪는 경험을 할 수 있는 '사회'가 필요하다는 말입니다.

미국의 메트스쿨은 일리히가 제시한 미래학교를 훌륭하게 구현해 내고 있는 학교 중 하나입니다. 보스턴 근처 작은 도시에 있는 이 학교의 학생들은 주 3일만 등교하고, 나머지 이틀은 지역사회의 현장에서 각자 원하는 일 또는 학습을 합니다. 제가 방문했을 때 만난 어떤 여학생(졸업생)은 미장원에서 인턴십을 했는데 그곳에서 자기가 머리 만지는 일을 잘하지는 못하고 손님들과 이야기하는 것을 좋아하고 때로 상담사 역할을 한다는 것을 알게 되었다고 합니다. 그래서 그는 상담 심리학에 관심을 갖게 되었고 지금은 대학에서 심리학 공부를 하고 있다고 했습니다. 대학을 다닌 사람이 없는 집안의 첫 번째 대학생이라고 자랑스럽게 말했습니다. 메트스쿨은 지역사회 학습망을 활용한 탁월한 교육시스템을 기반으로 급변하는 시대를 살아갈 아이들을 키워 내고 있었습니다. 지역사회와 학교 그리고 학부모는 서로 협력하여 아이들의 성장을 돕는 동시에 지역사회 발전을 이루어 내고 있는 것이지요.

재난 시대를 살아갈 아이들은 이제 더 이상 이사를 다니지 않고 학교도 옮기고 싶어 하지 않습니다. 서로의 지지대가 되어 주는 사람들 사이에서 계속 안정적으로 살고 싶어 합니다. 그리고 학교는 그런 삶을 살아가게 하는 핵심적 생태계이지요. 저는 그간 강원도에서 일고 있던 작은 학교와 마을교육공동체 운동을 눈여겨봤습니다. 한 번에 한 아이씩, 아이 하나하나의 재능과 창의성을 존중하는 교육생태계를 만들어 가는 교사와 시민들이 적지 않다는 것을 알고 있습니다. 이번에 강삼영 선생이 펴낸 『모든 아이는 특별합니다』에서도 이런 마음이 담겨 있습니다. 아이들이 스스로 서서 서로를 배우고, 함께 서는 교육환경을 만들고자 하는 교육운동가의 즐거운 고민을 볼 수 있어서 반가웠습니다. 아이들이 1만 개의 동아리를 만들어 마을에서 신나게 활동하고 연결하는 모습을 상상해 봅니다. 실패해도 격려받고 다시 회복할 수 있는 어른들의 지지 속에서 아이들은 어떤 재난이 닥쳐와도 용기 있게 대응하며 자신의 마을을 풍요롭게 만들고 또 자신의 시대를 개척해 갈 수 있을 것입니다.

미래사회가 어떤 모습이 될지 정말이지 상상하기 어렵습니다. 앞으로의 10년이 중요합니다. 이 책을 읽으며 2030년까지 강원도에 살고 있는 어른들이 할 수 있는 일이 무엇인지, 가장 창조적이고 유연하고 아름다운 존재인 청소년기의 아이들에게 줄 수 있는 선물은 무엇인지 머리를 맞대고 잘 찾아내 갈 수 있으면 좋겠습니다.

김누리
중앙대 교수

　지금 교육개혁은 시대의 명령이다. 교육의 근본적인 변화가 필요한 시대인 것이다. 지난 세기를 돌아보면 사실 이 나라는 제대로 된 '교육'을 해 본 적이 없다. 한국의 교육은 비교육 정도가 아니라 아예 반교육에 가까웠다. 지난 100년 동안 존엄한 인간을 기르는 교육, 성숙한 민주주의자를 키우는 교육을 해 본 적이 없다.

　30년 일제 시대는 황국신민을 기르는 것을, 해방 후 40년 독재 시대는 반공투사 혹은 산업전사를 키우는 것을, 30년 민주 시대조차 '인적자원'을 기르는 것을 교육의 목표로 삼았다. 일제의 제국주의 교육, 독재 정권의 국가주의 교육, 민주 정부의 신자유주의 교육으로 점철된 한국 교육 100년은 그대로 반교육의 역사였다.

지난 100년의 교육에 일관된 것은 능력주의(meritocracy) 교육이다. 시대마다 지향하는 목표는 달랐지만 추구하는 방식은 같았다. 이제 능력주의 교육은 존엄주의(dignocracy) 교육으로 바뀌어야 한다. 존엄한 인간을 기르는 것을 교육의 목표로 삼아야 한다. 새로운 100년의 교육은 '수월성' 교육에서 '존엄성' 교육으로 패러다임을 전환해야 한다.

그 단초가 강원도에서 보인다. 저자의 책 제목, 『모든 아이는 특별합니다』는 그 자체로 인간의 존엄성에 대한 인식을 바탕에 깔고 있다. 더불어 오랜 교사 생활과 교육행정 경력에서 비롯된 구체적인 실천 전략이 페이지마다 녹아 있다.

예컨대, '배움과 삶을 주도하는 시민'이 목표로 제시된 수업·평가 개혁 방안은 어떠한가. 많은 교과 내용을 피상적으로 주입하며 학생들을 객체화·수동화하던 교육에서 벗어나 학생 스스로 탐구하며 바람직한 사회적 가치와 실천을 통합시키는 수업 전략을 제시한다. 모든 학생들에게 조금씩 다른 목표를 부여하고 적극적인 피드백과 재도전 기회를 강조하는 '성장을 돕는 평가'는, '공정한 경쟁'의 주술에서 벗어나 학생들을 진정한 배움으로 이끄는 진정한 교육의 목표에 부합한다.

'1만 개의 동아리 프로젝트'와 '강원형 진로 종합고' 구상을 읽으면 가슴이 뛴다. 저자가 내다보는 강원교육의 미래는 서열을 전제하지 않는다. 실로 모든 아이들을 특별하게 여기고, 모두가 좋아하는 일에 몰입하며 저마다의 깊은 자아를 찾아가는 과정이 눈앞에 그려진다.

독일의 교육개혁은 1970년대 초 '경쟁교육은 야만이다'라는 모토 아래 시작되었다. 그것이 새로운 독일을 만들었다. 경쟁 없는 교육이 학생마다 몰입과 탐색을 통한 '심연'의 사고를 가능케 했고, 성숙한 시민을 만들었고, 이들이 새로운 나라를 만들었다.

한국도 그 길을 나아가야 한다. 각 시·도교육청 차원에서는, 야만적인 능력주의와 경쟁교육을 거부하고 성숙한 시민을 키우는 교육으로 나아가야 한다. 중앙정부 차원에서는 대학 입시, 대학 서열, 대학 등록금, 특권학교를 폐지해서 민주시민을 키우는 교육의 기반을 만들어야 한다.

모든 변화는 '변방'에서 시작된다고 했던가. 가정을 '사막'으로, 사회를 '정글'로 몰아 대던 대한민국의 반反교육을 종식하고, 학생과 교사, 학부모의 행복할 권리를 주창하는 새로운 교육이 이 책으로부터, 그리고 강원도교육청으로부터 시작되기를 소망한다. 강원교

육이 길러 낸 시민들이 새로운 대한민국의 문을 열어젖히기를 소
망한다.

1부 * **2030년 강원교육을 상상하다**

2부 * 교육, 여기서 멈추면 안 되니까

3부 * 만나서 얘기합시다

4부 * 시 쓰는 선생님

1부

2030년
강원교육을 상상하다

2030년
강원교육을 상상하다

'모두를 위한 교육'을 시작한 지 10년이 넘었다. 고교평준화와 무상교육, 학교 민주주의 향상, 수업·평가 혁신 등 많은 성과가 있었고 학교의 일상과 우리 아이들의 삶은 그동안 참 많이 변했다. 하지만 이 세상에 유일한 진리는 '모든 것은 변화한다'라고 했던가. 우리는 또다시 새로운 시대를 마주하고 있다.

급격히 빨라지는 인구 감소의 시계는 우리 아이들 한 명, 한 명의 존엄성을 다시금 성찰하게 한다. 빈부와 도농 양극화는 심해지고 세대 갈등, 젠더 갈등 같은 새로운 갈등축이 떠오른다. 지구촌을 배경으로 기후, 생태, 보건, 지정학 위기가 경종을 울린다. 인공지능, 메타버스, 신재생에너지 등 십 년 전에는 상상으로만 존재했던 영역이 이제는 현실에서 우리 삶을 바꾸어 간다. BTS, 오징어게임, 웹툰 등 K-콘텐츠가 전 세계의 환호를 받는 풍경도 익숙해져 간다.

이처럼 사회의 변화 속도가 빨라지고 그 방향 또한 예측이 힘들어지면서 사회 곳곳에서 자연스레 이런 질문이 뒤따른다.

"우리 교육, 지금 이대로 괜찮은가?"

교육 혁신에 관한 수많은 주장이 난무하지만, 신호와 소음은 구분해야 한다.[1] 예컨대, 어떤 이들은 '공정이 중요하니 객관식 100%로 대입 시험을 바꾸자'고 주장한다. 이런 말은 시대를 역행하는 대표적인 소음이다.

OECD 교육 2030 보고서는 더 나은 세계를 위해 목표와 실천수단을 스스로 조직해 내는 '행위 주체성'과 '변혁적 역량'을 미래의 핵심역량으로 제시한다. 수많은 석학과 국가교육과정에서는 '창의적으로 질문을 던지고 스스로 문제를 해결하는 능력', '더 나은 공동체를 만들어 가는 실천적 시민의 덕목'을 강조한다. 중요한 신호다.

---

1. 네이트 실버는 『신호와 소음』 개정판에서 수많은 소음 속에서 신호를 알아채려면 '좀 더 나은 확률적 사고'를 해야 하고, 그걸 하려면 '느리게 생각하기'와 '대세 편승을 경계하기'가 필요하다고 했다.

하지만 교사 입장에서는 촘촘히 짜인 국가교육과정과 성취기준이 잘 구현된 교과서를 열심히 가르치면 과연 그러한 능력이 길러지는지 아리송하다. 오늘 당장 발목을 잡는 학교 사안 처리에 치이고 학생들을 공정하게 변별하라는 유무형의 압력을 겪다 보면, 조금씩 싹터 가던 시대의 문제의식은 뒤로 밀리기 쉽다.

하지만 이것만은 분명하다. 십 년 전과 지금의 교육이 다르듯이 십 년 뒤의 교육은 지금과 달라야 한다. 우리가 마주한 이 거대한 전환의 조류는 교육 정책 한두 개로는 대응이 힘들다. 강원교육은 ▲배움과 삶을 주도하는 시민 교육 ▲모두의 잠재력을 이끌어 내는 학습복지 ▲지역사회와 메타버스로 교육 시공간 확장 ▲평화와 생태의 가치를 지닌 세계시민 양성 등 미래교육으로 나아가기 위한 총체적 성찰과 혁신의 노력을 기울여야 한다.

이러한 문제의식 아래 지난해 말부터 미래교육의 구체적 내용과 전략을 제시하고자 6개 분과, 70여 명의 교직원으로 구성된 〈강원교육 비전2030 추진단〉이 수많은 논의를 거듭해 왔다. 비전의 힘은 공동체 구성원들이 한 방향을 바라보는 것에서 시작한다. 함께 꿈꾸면 이루어진다. 오늘, 함께 꿈꾸기 위하여 그 논의의 일부를 참고하고 재해석하여 여러분과 나누고자 한다.

어떤 인재로 키울 것인가

'교육을 잘 받은 학생'이 어떤 인재가 되길 원하는가?

〈강원교육 비전2030 추진단〉에서는 지난 7월, 강원도의 학습자상으로 '탐구하는 사람'을 제시했다. 미래사회는 인공지능에 의한 지식 폭증의 시대이자 평생학습 사회가 될 것이라고 한다. 지식의 축적보다는 지식을 학습하는 방법과 지식을 적용하고 창출하는 능력이 중시될 것이다. 배움을 즐거워하며 삶과 세계의 문제에 대한 열린 질문을 탐구하고 실천하는 것이 강원교육이 지향하는 능동적 자기주도 학습의 상이다.

더불어 '더 좋은 공동체를 꿈꾸는 시민'도 학습자상으로 함께 제시했다. 우리는 교육을 잘 받은 엘리트가 부패와 이기심에 물들어 사회에 큰 해악을 끼치는 경우를 적지 않게 본다. 눈에 띄는 해악이 아니더라도 사회의 아픔을 외면하고 개인의 이익에만 집중하는 태도는 여러 위기에 직면한 우리 사회의 지속가능성을 위협하는 요소다. 타인을 배려하고, 공동체의 미래를 염려하며, 자신의 성공과 공동체의 발전을 일치시키기 위해 노력하는 삶이 더 좋은 시민의 삶이기에, 그러한 시민의 역량을 학교와 지역사회에서 키워주도록 노력해야 한다.

이러한 학습자상은 앞으로 교육공동체의 숙의 과정을 거치며 내용이 수정·보완되겠지만, 국민 의식의 큰 흐름과 맥을 같이하고 있다고 판단한다. 지난 6월 국가교육회의에서 2022 개정 교육과정과 관련한 국민참여 설문을 진행한 적이 있다. 10만 명이 넘게 참여했으니 꽤 참고할 만한 자료가 아닐까 한다.

국민들은 우리나라 교육이 지향하는 가장 중요한 가치로 ▲1위 개인과 사회 공동의 행복 추구(20.9%) ▲2위 자기정체성을 바탕으로 한 자기주도적 학습(15.9%) ▲3위 책임 있는 시민으로 성장(15.6%) ▲4위 학습에 대한 지속적인 흥미와 동기(12.7%)를 꼽았다.

미래의 인재상과 관련된 주요 단어로는 ▲배려(22.4%) ▲책임감

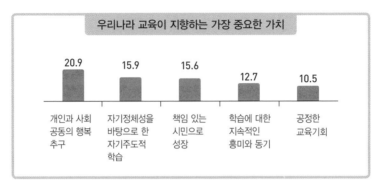

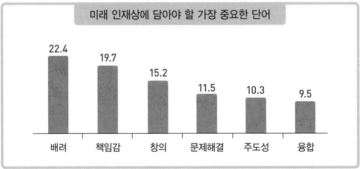

출처 : 국가교육회의, 2022 개정 교육과정을 위한 국민참여 설문 결과 발표

(19.7%) ▲창의(15.2%) ▲문제해결(11.5%) 순이었고, 강화되어야 할 교육 영역으로는 ▲인성 교육(36.3%) ▲글쓰기와 독서 등 인문학 소양 교육(20.3%) ▲진로·직업 교육(9.3%) ▲인공지능 교육(9.0%) 순으로 나왔다.

거칠게 요약해 보면, 우리 국민들이 생각하는 미래 인재는 '배려

심과 책임감을 바탕으로 창의력과 문제해결력을 갖춘 시민'이다. 이러한 인재를 기르기 위해서는 학습에 대한 흥미와 동기를 부여하며 자기주도적 학습을 장려해야 한다. 더불어 모든 교과에서 글쓰기와 독서 등 인문학 소양 교육을 강화하며 윤리적 성찰과 실천, 진로 및 미래사회에 대한 탐구력을 높여야 한다. 그 결과로 개인과 사회의 공동 행복을 이루는 것, 그것이 교육에 대한 국민적 기대인 것이다.

실은, OECD가 제시하는 학습틀(The OECD Learning Framework 2030)이나 IB(국제바깔로레아)가 지향하는 학습자상도 같은 방향을 바라보고 있다. 불확실성의 시대, 결국은 '사고력을 바탕으로 배움과 삶을 주도하는 시민'을 기르는 것이 시대의 과제이기 때문이다.

그런데 미래 인재의 내용과 표현보다 중요한 것이 있다. 강원교육의 교육목표와 학습자상이 학교 현장에서 실질적 좌표로 작동하는 것이다. '강원도에서 교육을 잘 받은 사람'이 어떤 인재가 되면 좋을지 고민을 담아서 학교 교육과정을 설계하고, 수업과 평가에 체계적으로 영향을 미쳐야 한다. 그러지 않는다면 교육과정의 인간상은 빛바랜 교훈이나 교육계획 문서에만 남아 있는 현실이 반복될 것이다.

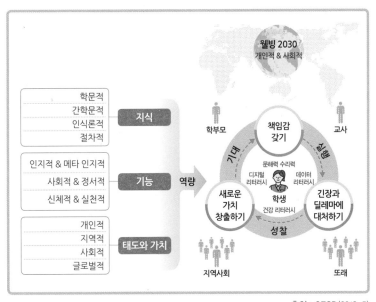

출처 : OECD(2018. 5)

'OECD 교육 2030' 프로젝트에서 제시한 '학습 틀'

배움과 삶을 주도하는
시민을 기르다

— 수업·평가

2022 개정 교육과정에 대한 논의가 한창이다. 2022년에 발표해 2024년부터 적용할 예정이며, 2028학년도 대입에 영향을 미친다. 그런데 국가교육과정 목표만 보면 기존 교육과정도 4차 산업혁명, 인공지능 시대에 대응할 수 있는 것처럼 훌륭하게 기술돼 있다. 하지만 국가 주도 시험인 수능에서, 국가교육과정을 운영하는 학교 내신에서 그 목표들은 제대로 평가되지 않는다. 수업은 평가를 따라가는 경향이 있다. 이래서는 국가교육과정이 목표하는 시대적 역량이 길러지지 않는다.

수업·평가가 개선되기 위한 전제 조건은 '대학 서열화 해소'와

'대입 개혁'이다. 2022 개정 교육과정이 처음 적용되는 2028학년도 대입에서 교육부는 논술형 수능 도입을 검토하고 있다. 학생들의 미래역량을 키우기 위해서는 정해진 정답 맞히기가 아니라 '내 생각'을 꺼내고 개발할 수 있는 평가가 필요하다는 판단 때문이다. 학교의 수업과 평가도 이러한 시대의 나침반을 따라갈 필요가 있다.

 2030년 강원도의 학교에서는[2] 논술이나 포트폴리오, 탐구보고서처럼 사고력을 측정하는 평가가 확대된다. 특히 중·고교에서의 논술평가는 간단하게 답할 수 없는 열린 질문을 통해 핵심 개념에 대한 본질적 이해와 분석·적용·종합·평가 수준의 고등사고능력을 측정한다. 객관식 지필평가는 주로 진단·형성평가에서 활용한다. 수행평가는 횟수를 줄이되, 수행 과정마다 적극적인 피드백과 재도전 기회를 제공해 모든 학생의 성장을 돕는다.

 정성평가가 확대되면 공정성 시비가 지금보다 커질 가능성이 있다. 그렇다고 두려워하며 회피해서는 안 된다. 평가의 신뢰도와 타당성 확보를 위해 (가칭)교육과정지원센터를 신설해 적극적인 교원

---

2. 독자의 이해를 돕기 위해 강원교육 2030년의 모습을 현재시점으로 서술한다.

IB(국제바깔로레아) 고등학교 국어 기출문제 예시[3]

다음 중 하나만 골라 답하십시오. 여러분이 단원 3에서 공부한 작품 중 두 작품을 참고해서 써야 합니다. 단원 3의 작품 중 두 작품을 논하지 않은 답은 높은 점수를 받을 수 없습니다. 여러분이 각각의 작품을 읽을 때 글의 언어, 맥락, 구조가 어떻게 도움이 되었는지 다루어야 합니다.

1. 자존심·자부심은 실패와 자기 파괴 또는 성취와 자기실현으로 이어질 수 있다. 공부한 두 작품에서 자존심·자부심이 어떻게 드러나는지 그리고 그 결과는 어떤지 논하시오.

2. 작품의 배경은 종종 인물과 주제만큼 중요하다. 공부한 두 작품을 참조하여 논하시오.

3. 작가가 독자의 정서적·감정적 반응을 불러일으키기 위해 사용하는 기법에 대해 공부한 작품 중 두 작품을 참조하여 분석하시오. (이하 생략)

연수와 컨설팅, 채점기준표 등 공정한 평가에 필요한 참고자료를 지원한다. 학교 간 교차 채점 연습을 통해 누가 채점하더라도 점수가 크게 차이나지 않는 신뢰도를 구축한다. 더불어 학생과 학부모가 평가에 이의를 제기할 경우 센터에서 교육과정의 타당성을 검

---

3. 이혜정, 「IB 교육 효과 분석 종단 연구 설계－제주 읍면지역 초·중·고등학교를 중심으로」, 제주특별자치도교육청, 2020.

증해 교사의 부담을 줄여 준다.

초등학교에서는 주제 통합 프로젝트 수업이 확대된다. 국어 따로, 사회 따로, 과학 따로 가르치는 것을 넘어 여러 교과에 공통으로 들어 있는 주제를 추출하여 교과 내용을 재구성하는 것이다. 예를 들어 '우정'이라는 주제로 국어, 영어, 사회, 도덕 등 여러 교과를 묶고 친구 자서전 쓰기, 갈등 상황 해결하기 등의 통합 학습 활동을 기획하는 방식이다.

중·고교에서는 핵심 개념 기반의 역량 중심 통합수업, 교과별 융합수업이 확대된다. 이러한 통합 교육과정은 각 교과의 학습요소를 학생들의 삶, 바람직한 사회적 가치와 자연스레 연결시켜 준다. 그리고 제시된 주제 안에서 지식-탐구-실천(적용)의 과정을 통합함으로써 통합적 사고력 등 학습효과를 높이고 능동적 학습태도를 향상시키는 데 도움이 된다.

2030년 강원교육은 '더 적은' 교육과정을 '더 깊게' 배우는 체제이다. 이를 위해 국가 및 지역 교육과정은 적정한 양과 지나치게 상세하지 않은 큰 그림을 제시한다. 학교 현장에서는 진도 나가느라 급급하다가 '피상적 이해'를 양산하던 한계에서 벗어나 모두의 미래역량을 키우는 교육과정과 질 높은 수업·평가를 설계한다. 그것이 "교과의 학습은 단편적 지식의 암기를 지양하고 핵심 개념과 일반화된 지식의 심층적 이해에 중점을 둔다"는 국가교육과정의 취지와도 부합한다.

모든 아이의 가능성을
현실로 만들다

- 맞춤형 개별화 교육

모든 아이들은 저마다의 가능성이 있다. 게다가 모든 아이들은 잘하고 싶어 하고, 인정받고 싶어 한다. 지적인 성취가 매한가지일 수는 없지만 그럼에도 누구나 배움을 즐기고, 자신을 긍정적으로 생각하며, 실천적이고 책임감 있는 시민으로 커 나갈 잠재력을 갖고 있다. 덧붙여, 남다른 특기가 있다면 더할 나위가 없다.

하지만 우리 교육이 학생의 잠재력을 충분히 이끌어 내고 있는지에 대해서는 물음표가 따른다. 특수교육대상학생, 영재학생대상의 교육과정이 운영되고 있지만, 그 대상은 극소수다. 학생 다수가 속한 일반교실에서는 천천히 배우는 학생, 보통의 교육과정을 뛰어넘은 학생, 때로는 특수교육대상학생이 한데 모여 표준화된 보통 교육과정이 운영되고 있다. 전국적으로 문해력과 수해력 등 기초학력이 부족한 학생이 증가하는 현상도 이런 현실과 무관하지 않다.

2030년 강원도의 초·중학교에서는 정규 교육과정에서 아이들 한 명 한 명을 특별하게 여기는 [맞춤형 개별화 교육]이 진행된다. 학생 저마다 배움의 목적을 세우고 탐구하는 학습 문화가 자리 잡고, 천천히 배우는 학생을 위한 '집중지원', 특수교육대상학생을 위한 '특별지원' 프로그램이 체계적으로 제공된다.

우선 모든 학생은 인공지능(AI) 기반 학습도구의 도움을 받을 수 있다. 인공지능이 반드시 기억해야 할 내용, 적절히 이해해야 할 개념을 짚어 주며 학생 개개인의 학업성취에 따른 학습을 지원한다.

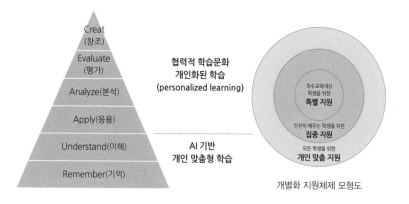

개별화 지원체제 모형도

이처럼 기본 지식과 이해를 튼튼히 한 상황에서 수업시간에는 토론과 탐구 중심의 협력학습이 이루어져서 응용, 분석, 창조하는 수준의 고등사고능력을 키워 간다.

천천히 배우는 학생은 학기 초에 담임교사와 학부모, 전문가가 함께 모여 정확히 진단하고, 한 학기 동안 배우고 도달할 목표를 공유한다. 교육과정을 앞서가는 학생을 위해서도 더 수준 높은 목표를 세워 주고 도전을 장려한다.

교실에는 종종 담임교사의 지도만으로 현행 교육과정을 따라가기 힘든 학생들이 있다. 이럴 땐, 학교마다 배치된 기초학력 전문교사가 기초 문해력과 수해력을 가르친다. 복지사, 상담교사, 보건교사 등 교내 전문가들은 학생의 심리적·정서적 영역을 지원하고, 더불어 학생의 특기 분야를 발굴함으로써 학생의 자기효능감과 주체성을 높인다.

특수교육대상학생은 특별지원을 받는다. 특수학급의 학생 정원을 학교급에 따라 3~5명으로 감축하고 통합수업을 지원하는 협력교사와 함께 선택형 개별화 교육계획을 수립한다. 교육지원청마다 설치된 특수교육지원센터는 통합교육과 순회교육, 치료 및 학습보조기기 지원을 강화한다.

유치원에서는 놀이 중심 교육과정과 유·초 연계교육의 새로운 장이 펼쳐진다. 표준화된 교육과정을 앞세우기보다 유아의 성장에 맞는 개별적인 교육이 가능하도록 '만들어 가는 교육과정'을 체계화해 세상의 모든 배움과 연결되도록 해야 한다. 급당 원아 수를 과감하게 조정하고 교육과 돌봄을 유기적으로 연결해 교육의 출발점에 모두가 동등하게 설 수 있도록 보장해야 한다.

이러한 개별화 교육 체제를 운영하기 위해 2030년에는 교육환경과 평가문화도 대대적으로 개선된다. 먼저 학급당 학생 수는 아무리 많아도 유치원 16명, 초등학교 18명, 중·고교는 20명을 넘지 않는다. 모든 학생에게 개별 디지털 기기를 보급해서 인공지능 학습 도구의 도움을 받거나 협력학습을 원활하게 진행할 수 있는 환경을 갖춘다.

평가에서는 모든 학생들에게 조금씩 다른 목표를 부여하고, 과제 수행 단계별로 적극적인 피드백과 재도전 기회를 주는 '성장을 돕는 평가'를 한다. 평가 통지는 학생 개인별 성장 목표와 핵심역량(비판적 사고력, 창의력, 협동심, 자기주도 학습 능력, 시민성 등) 영역마다의 성장 정보 중심으로 전환된다. 가정에서는 학교의 상담 및 집중 지원 방침에 적극 협조하는 문화가 자리 잡는다.

공부하는 방법을 공부하다

- 중학교 전환 학기

학생들은 학교급이 바뀔 때, 또는 다음 학년으로 올라갈 때 많은 혼란을 겪는다. 친구와 선생님을 포함한 학습환경이 급작스레 바뀌고, 교육과정은 어려워지는 데다, 다음 학년 교사에게 학생에 대한 정보 공유가 잘 이루어지지 않기 때문이다. 그 영향으로 중학교 1학년 시기에 학습포기자가, 고등학교 1학년 시기에는 학업중단으로 학교를 떠나는 학생이 눈에 띄게 늘어난다.

더불어 박근혜 정부 때 도입된 자유학년제도 여러 혼란을 겪고 있다. 초창기에 목표했던 진로 탐색 활동은 중학교 1학년의 발달 단계에 적합하지 않다는 평가가 나오며 축소되었다. 주제선택활동 등 자유학기 프로그램이 수업 혁신의 분위기를 만들었지만 일반 교과, 다른 학년과의 연계가 취약하다 보니 중학교 2학년이 되면 후폭풍을 겪는다는 경험담이 많다. 이처럼 학생이 겪는 어려움을 줄여 주기 위해서는 학년과 학교급이 바뀌는 시기에 섬세한 디딤돌을 놓아 주는 노력이 필요하다.

2030년 강원도 중학교에서는 자유학년제를 재구성하여, 1학년 1학기에는 중학교에 적응하고 공부하는 법을 공부하는 '전환 자유학기'를, 3학년 2학기에는 '진로 탐색 집중 학기'를 운영한다.

중학교 1학년 1학기(전환 자유학기)는 초등학교를 갓 졸업한 학생들이 중학교 학습환경과 교육과정에 적응하는 시기이다. 모든 학생들은 학년 초 '배움의 자기이유自己理由 찾기' 프로그램을 통해 각종 심리·진로검사와 자기 탐색을 경험하고 학습 준비도를 점검한다. 더불어 '공부하는 법을 공부하는' 소규모 그룹별 학습코칭 프로그램을 10차시 이상 제공하고, 일반 교과 시간에도 학습코칭으로 배운 내용을 활용해 보는 프로젝트 수업이 강조된다. 창의적 체험활동 시간에는 담임교사와 함께하는 관계 중심 생활교육 프로그램(학급 신뢰 서클, 경청 훈련 등)이 강화된다.

중학교 3학년 2학기(진로 탐색 집중 학기)는 고교 유형 선택과 고교학점제에서의 개인화된 학습 설계 대비를 돕는 학기이다. 지역사회와 함께 진로 탐색을 돕는 각종 진로활동, 주제선택 활동을 강화한다. 고교학점제 운영방식에 대한 사전 안내와 함께 고등학교 1학년 공통 교육과정을 이수할 준비가 되었는지에 대한 진단 활동도 이루어진다. 더불어 중학교 3학년 2학기는 의무교육의 마지막 학기이기에, 초·중학교에서 배운 것을 총체적으로 활용하여 공동체의 지속가능발전목표(SDGs)[4]를 실현하는 학생 주도형 프로젝트 활동을 적극 권장한다.

학생들의 특성과 학습 수준이 학년이 바뀔 때마다 공유되지 않는 문제도 개선된다. 2030년에는 학교와 지역사회에서의 일상적 학습과정 및 결과가 클라우드에 자연스럽게 축적되고 학생, 교사, 학부모가 관찰할 수 있는 (가칭)배움성장 e-포트폴리오 시스템이 도입된다.

모든 학년의 시작과 마지막 단계에서는 학생의 적응을 돕는 '디

---

4. 2015년 유엔은 2016~2030년에 국제사회가 함께 달성해야 할 목표로 '지속가능발전목표(Sustainable Development Goals)'를 제시했다. 인류의 보편적 문제(빈곤, 질병, 교육, 성평등, 난민, 분쟁 등)와 지구 환경문제(기후변화, 에너지, 환경오염, 생물다양성 등) 등을 담고 있다.

딤돌 교육 프로그램'이 운영된다. 새 학년 시작 후 한 달 동안은 학습 진단 및 복습 활동과 학교생활규정 개정 등 생활교육이 집중적으로 이루어진다. 학년말에는 학생이 다음 학년의 교육과정을 이수할 준비가 되었는지 진단해서, 학부모와 상담하고 교내 여러 전문가들과 함께 지원하는 책무성을 발휘한다.

유치원, 초등학교, 중학교의 마지막 학년 말미에는 상급학교를 방문해 친절한 안내를 받는 프로그램을 편성한다. 대입 일정이 마무리된 고등학교 3학년 마무리 시기에는 학생들이 희망하는 다양한 자격증 취득 및 사회 봉사활동을 지원하는 '성인기 디딤돌 프로그램'을 운영한다.

다양한 진로와
미래역량을 지원하다

- 강원형 진로 종합고

기계화·자동화가 급속히 확대되고, 평균 수명은 높아지고 있다. 안정적인 일자리 자체가 적어지는 상황에서 전문가들은 너나 할 것 없이, 아동·청소년 시기부터 다양한 영역에서 발휘할 수 있는 고등사고력과 감성·지식 노동 역량, 평생학습 역량을 키워야 한다고 강조한다.

하지만 아직도 일반고의 교육과정은 대입에 초점을 맞춘 표준화된 시험 대비 중심으로 운영되고 있다. 특성화고 또한 산업 변화에 따른 적절한 대응이 늦어지면서, 취업률 감소가 두드러지고 정원 미달 학교도 많아지고 있다.

대안으로 2025년 고교학점제 전면 도입이 준비되고 지금도 선택형 교육과정이 운영되고 있지만, 큰 틀에서는 학생의 필요보다 교원 확보 현황에 따라 교육과정이 편성되고 있는 한계가 있다. 특히 읍·면 지역에 위치한 소규모 고등학교는 학생들이 원하는 다양한 교육 기회를 충분히 제공하는데 어려움을 겪고 있다. 향후 10년은 도내 일반고와 직업계고의 현황과 대학 및 지역사회 자원을 종합적으로 파악해서 고등학교 전체의 재구조화를 추진할 필요가 있다.

2030년 강원도 고등학교는 모든 학생을 주인공으로 대우하며

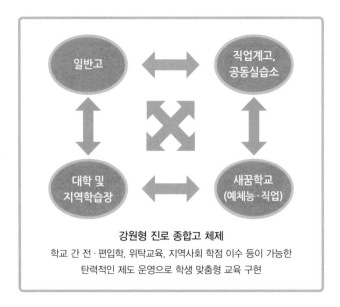

강원형 진로 종합고 체제
학교 간 전·편입학, 위탁교육, 지역사회 학점 이수 등이 가능한
탄력적인 제도 운영으로 학생 맞춤형 교육 구현

다양한 성장 경로를 만들어 주는 교육을 지향한다. 이를 위해 각 지역마다 일반고, 특성화고, 예체능 및 직업계열 각종학교가 적절하게 분포하고 서로 협력하여 운영되는 [강원형 진로 종합고] 체제를 운영한다.

일반고에 진학한 학생은 고등학교 1학년 공통 교육과정을 이수한 후, 2학년부터는 개인의 적성과 진로 희망에 따른 맞춤형 시간표를 구성할 수 있다. 대학 진학을 목표로 하는 학생은 희망 전공과 관계 깊은 기초·심화 과목을 수강하고, 대학 진학을 원치 않는 학생은 직업기초 소양 교육과 교육청이 인증한 지역사회 인턴과정(바리스타, 미용 등) 등을 수강할 수 있다.

교육지원청은 지역 내 각 고교와 지역사회 자원을 엮어서 학생들의 바람을 최대한 반영한 공동 교육과정을 설계하고, 도교육청은 메타버스 학교를 운영하며 지역에서 개설하기 힘든 전문적인 진로과목(ICT, 창업 교육과정 등)과 수요가 많은 교양과목(심리학, 교육학 등)의 수강을 지원한다. 학생들은 수요일 정규 수업시간 중에 인근 고교나 대학, 지역사회, 메타버스 시스템에서 개설된 수업에 참여할 수 있다. 좀 더 전문적인 교육을 바라는 일반고 학생을 위해 예체능교육, 직업교육으로 특화된 〈새꿈학교(각종학교)〉가 권역마다 세워져 위탁교육을 운영한다.

거점별 특성화고에는 강원도형 특색산업(수소경제, 수산, 항만, 레저, 국방, 남북교류 등) 관련 학과가 새로 생기는 한편, 학생들이 로컬크리에이터(혁신적 소상공인)나 온라인 창업으로 나아갈 수 있도록 프로젝트형 창업 교육을 강화한다. 특성화고의 일반교과 또한 실생활에 적용될 수 있는 사고력과 취업·창업 역량을 중심에 두고 적극적인 융합수업을 운영한다. 더불어 일반고와 특성화고 사이에서 학점 교류나 전·편입학도 자유롭게 허용된다.

강원도 학생들이 졸업 후 지역사회에서 안정적으로 일자리를 갖고 성장해 나갈 수 있도록 도청-도교육청-학교-공공기관-기업의 협력 시스템이 구축된다. 도내 신산업 투자 동향과 인력 채용 수요에 대한 상시적인 조사·연구가 진행되고, 이 결과에 따라 특성화고 학과 개편과 위탁교육, 현장실습·인턴 프로그램이 조정된다. 학생들이 도내 중소기업에 취업하거나 혁신적인 농수산업, 소상공인 창업에 도전할 경우 지자체가 일정 기간 동안 적정 소득과 주거를 지원하는 프로그램도 새롭게 만들어진다.

학생 성장을 위해
민과 관이 협력하다
– 마을교육공동체

강원도교육청은 2016년부터 '강원도형 마을교육공동체'를 운영하기 시작하여, 현재 도내 18개 시·군 모든 곳에서 행복교육지구, 온마을학교, 마을교육과정, 학교협동조합 등을 운영하고 있다. 마을교육 주체가 많이 양성되고 학교와 지역 양쪽에서 교육을 바라보는 시야가 넓어지는 성과가 있었다. 한 아이를 키우기 위해서는 마을 전체가 필요하다는 말을 강원도의 마을 곳곳에서 구현하고 있다.

하지만 여전히 과제도 남아 있다. 예컨대 행복교육지구의 경우, 마을과 학교의 참여 없이 공무원이 기획한 프로그램 중심으로 운영하거나 교육청 따로, 지자체 따로 사업을 집행하는 곳도 있다.

학생들의 배움과 삶을 일치시켜 나가려는 시대적 과제에 따라 자유학년제, 고교학점제, 진로교육 등 학교와 지역사회가 함께 정성을 기울여야 하는 교육 영역이 점차 늘어 가고 있다. 마을교육공동체가 학교와 지역을 잇는 미래교육의 플랫폼으로 작동하기 위해서 더 많은 노력이 필요하다.

　2030년 강원도 모든 시·군의 행복교육지구에 중간지원조직의 형태로 [마을교육자치협력센터]를 세우고 다양한 지역사회 협력 교육을 활성화시킨다. 민-관 협력을 중심에 둔 협력센터는 학교 교육과 학교 밖 다양한 교육활동을 연결하고 안내하며 온마을돌봄, 청소년자치배움터, 온마을학교 등을 지원한다. 더불어 각 시·군 담당자와 교육지원청 담당자, 대학과 지역사회 청소년·문화예술 단체가 함께 모여 서로에 대한 이해와 신뢰를 높이는 가운데, 지역의 아이들을 함께 성장시키는 협의체의 역할을 담당한다.

　또한 협력센터에서는 학생자치배움터를 운영하면서 학생 주도형 프로젝트 동아리를 활발하게 지원한다. 영역에 제한을 두지 않고 5명 이상의 학생들이 팀을 짜서 계획을 제출하면 전문 멘토를 섭외해 주고, 활동 공간과 활동비 일부도 지원해 준다. 학생들의 활동 내용은 학교와 공유하여 생활기록부 기재를 추진한다.

협력센터는 중개자, 조정자의 역할을 넘어 마을교육의 역량을 구축하는 주도적인 역할을 한다. 학부모와 지역주민들이 미래교육과 마을교육공동체의 철학과 방향, 목적에 공감할 수 있도록 다양한 연수를 운영하는 한편, 경력단절 여성 등 지역주민 대상으로 동아리 지원 강사를 적극 양성해서 학생들에게 더 다양한 배움의 기회를 제공할 수 있도록 노력한다.

이밖에도 행복교육지구에서는 학교 돌봄교실과 지자체 다함께돌봄센터, 지역아동센터, 마을돌봄 프로그램을 종합 관리하고 학부모에게 안내하는 책임 돌봄 체제를 마련한다. 더불어 지역의 체험학습 자원과 마을 선생님 데이터베이스를 구축해서 학교가 필요로할 때 쉽게 찾고 접근할 수 있도록 도와준다.

마을교육공동체의 활성화를 위해 교육청 산하의 교육문화관, 교육도서관, 각종 체험센터와 학교 유휴시설 등이 협력 공간으로 제공되고, 각 지역의 초·중·고등학교가 모여 있는 거점 지역에는 (가칭)창의융합배움터가 설립되어 학생들이 다양한 배움의 기회에 쉽게 접근할 수 있도록 한다.

1만 개의 동아리,
빛나는 아이들로 키우다

    현재 고등학교 1학년부터 자율동아리 활동을 대입에 반영하지 않기로 결정하면서 동아리 활동이 시들해졌다는 이야기가 들려온다. 대입에 종속된 우리 교육의 자화상이다. 하지만 학생들이 동아리 활동에 참여하며 무언가에 흥미를 느끼고 몰입하는 경험은 그 자체로 교육적이다. 해외에서 인기를 끄는 웹툰작가나 BTS 같은 세계적인 인재도 결국 청소년 시기에 스스로 좋아서 몰입하는 과정이 있었다는 것을 잊지 말아야 한다.

    우리 교육의 중요한 지향점 중 하나는 지성, 감성, 시민성이 조화로운 '전인적 인간' 양성이다. 그렇다면 동아리 활동을 통해 학생 스스로 다양한 신체, 예술, 사회 활동에 참여하고 도전하며 성취해 보는 경험은 우리 교육에서 더더욱 강조해야 부분이다.

2030년, 강원도 학교 안팎에서는 [1만 개의 동아리] 프로젝트가 가동된다. 학교 안팎에서 독서, 문화예술, 체육 등 다양한 분야의 동아리 활동을 적극 지원한다.

우선 학교 도서관을 중심으로 독서 동아리가 크게 늘어난다. 혼자 읽고 만족하는 취미로서의 책 읽기를 넘어, 친구들과 함께 읽고 생각과 고민을 나누며 더 나아가 삶을 변화시키는 책 읽기를 목표한다. 학생들이 5명 내외의 소규모 모둠을 구성하고 '함께 읽기' 계획을 제출하면 도서구입비를 일부 지원한다.

각 시·군 문화도시 지원센터 및 문화재단과 함께하는 학생 문화예술 동아리 활동도 대폭 확대된다. 특히 연극, 영상, 합주, 댄스 등 협력적 문화예술 활동과 각 지역별 문화축제 참여 및 자원봉사 활동이 적극 권장된다.

체육회와 협력해서 다양한 학생 생활체육 클럽 활동도 확대한다. 더불어 각 시·군별 특성에 맞는 학생 아마추어 스포츠클럽 대회(춘천-조정, 강릉-컬링, 삼척-핸드볼 등)는 학교 동아리들이 선의의 경쟁과 우정을 나누는 축제가 된다.

18개 시·군 행복교육지구마다 설치된 중간지원조직-마을교육자
치협력센터에서는 학생 스스로 운영하는 프로젝트 동아리를 활발
하게 지원한다. 학생들의 바람에 따라 전문 멘토, 활동 공간, 일부
활동비도 지원해 준다. 특히 지속가능개발목표(SDGs)를 실현하기
위한 다양한 프로젝트 동아리를 지원하고 우수 성과물은 각 시군
의회에서 발표하게 해서 학생들의 배움이 시민의 삶, 공동체의 발
전과 자연스레 연결되는 경험을 만들어 준다.

도내 곳곳 초·중·고등학교가 모여 있는 거점 지역에는 지자체와
함께 운영하는 (가칭)창의융합배움터를 설립한다. 이곳에는 인공지
능, 코딩학습실, 외국어학습실, 영상제작실 등이 만들어져서 전문
가가 상주하며 배움과 동아리 활동을 지원한다. 그밖에도 스터디
카페, 공연연습실, 동아리실 등의 공간을 확충해서 학생들이 자율
동아리 활동을 할 수 있도록 돕는다.

학교에는 방과 후에 학생과 지역주민이 함께 활용할 수 있는 복
합공간을 조성한다. 학교 시설과 안전하게 구분된 복합공간에서는
교직원이 퇴근한 저녁 시간까지도 지역주민과 학생들이 동아리 활
동이나 교양강좌 등을 진행할 수 있다. 해당 시간 시설 운영은 지
역사회에서 책임진다.

전문성 향상을 촉진하다

- 교원인사

아이들 삶에서 '선생님'의 존재가 중요함은 두말할 나위가 없다. 좋은 선생님을 만난다는 것은 꿈과 기회는 물론, 아이들이 느끼고 배울 '좋은 삶' 그 자체를 만나는 것이다. 강원도의 교육이 좋아진다는 것은 강원도 선생님들의 전문성이 높아지고 아이들에게 사랑을 듬뿍 쏟는다는 말과 동의어이다. 선생님이 스스로 더 바람직한 교육적 실천에 마음을 쏟을 수 있도록 독려하고, 교사를 둘러싼 환경을 교육의 본질에 가깝게 만들어 가는 것. 그 핵심에 교원인사 시스템이 있다.

농산어촌의 일부 학교에서는 선생님이 너무 자주 바뀐다는 불만이 지속적으로 제기되고 있다. 교사도 생활근거지와 교통여건을 고려할 수밖에 없고 벽지학교 승진 가산점까지 영향을 미치다 보니 선호 학교와 비선호 학교가 나뉘는 현상이 발생한다. 학교의 교육철학에 공감하고 지역과 학생들에 대한 이해도가 높아야 더 좋은 교육이 가능하다는 점에서, 이처럼 교사가 자주 바뀌는 현상은 결코 바람직한 현상이 아니다.

승진은 이래저래 민감한 부분이지만, 대체로 승진 평정 기준 및 점수의 축적이 학교 운영자에게 기대하는 역량과 관계가 적다는 비판이 제기되고 있다. 또한 일원화된 승진 구조 속에서 승진 대상이 아닌 대다수 교사들은 1급 정교사 자격연수 이후 자기계발과 경력 발달을 위한 기회를 갖지 못하고, 소진과 자존감 저하에 시달리는 현상도 발생하고 있다. 다양한 경력 개발과 연수 지원 정책을 통해 교원의 자긍심과 전문성을 높일 수 있도록 승진 제도 개선을 고민해야 할 시점이다.

2030년에는 강원도의 특수성을 살린 전보와 임용 정책으로, 지역과 학교에 오래 머무르는 선생님이 많아진다. 우선 [지역교사제]를 도입해서 농산어촌에 거주하는 교사의 근무연한 제한을 완화한다. 비선호 지역에 장기 근무하는 교원에 대해서는 '살고 싶은 관사'를 우선 제공하고 전보가산점도 우대한다. 더불어 도내 교대·사범대에서 지역인재 전형을 확대할 수 있도록 적극 협의하고, 교원 수급이 어려운 일부 시·군에서는 10년 이상 장기근무를 희망하는 신규교사를 별도 임용함으로써 지역에 대한 이해도가 높고 해당 지역에 거주하는 교사를 확대한다.

또한 교사의 다양한 경력 발달과 전문성 향상을 지원하는 [강원교육 전문가 과정]이 운영된다. 예컨대 '교수 전문가 과정'을 통해 교육과정 및 교육활동 전문가를 배출하고, '교육지원 전문가 과정'에서는 교육전문직에게 요구되는 정책 수립, 교육활동 지원, 각종 컨설팅 분야의 전문성을 함양한다. 또한 '학교운영 전문가 과정'을 통해 조직 운영 리더십, 지역사회 및 유관기관의 협력과 문제해결력 등 학교운영 역량을 향상시킨다. 교사의 적성에 맞는 전문가 과정을 이수한 후 전문교사, 교감, 전문직 등 각 분야에서 성장해 나갈 수 있는 여건을 만들기 위해 심층 연구 및 공론화 과정을 진행한다.

이밖에도 [교사 생애 맞춤형 성장 지원 시스템]을 구축해 교원이 5년 주기로 참여하는 필수 연수 프로그램을 마련한다. 새롭게 구축된 인공지능 교육연수 플랫폼은 각 교원의 연수 이력과 경력을 감안하여 생활교육, 교육과정, 진로설계, 리더십, 변화대응 등 생애주기에 적합한 맞춤형 연수를 추천한다. 더불어 교원 양성 과정과 모든 교원 대상의 연수에서 인공지능과 데이터과학 교육을 강화한다.

교원인사정책은 그동안 지역의 상황을 고려해서 조금씩 개선되어 온 만큼, 앞으로도 더 많은 공론화 과정과 연구를 통해 미래교육의 가치를 담아 낼 수 있는 교원인사체제로 발전시켜 나가야 한다.

지역 교육력을 지켜 내다
- 미래형 복합 캠퍼스 단지

2021년 현재, 강원도에서 학생 수 30명 미만의 작은학교는 143
교다. 60명 미만으로 잡으면 268교에 달한다. 청년 세대의 도시 유
출로 인해 신생아 수도 급격히 떨어진다. 초등학교가 15개 있는 고
성군에서 작년에 새로 태어난 아이는 95명에 머물렀다. 박근혜 정
부 시절, 중앙정부의 인위적인 학교 통폐합 시도에 맞서 '작은학교
희망 만들기'를 추진해 왔지만 이제는 인구 감소 압력에 맞서 지역
의 교육력을 지켜 내야 한다는 고민이 더 크게 다가온다.

농산어촌의 작은 초등학교는 적정 통학시간을 유지하면서 교사
와 학생 사이에 긴밀한 상호작용을 할 수 있다는 교육적 이점이 있
기에 섣부르게 통폐합을 해서는 안 된다. 하지만 중학교 단계부터

는 아이들의 인지적·정서적 성장에 비례하여, 적정한 사회관계와 도전 기회도 함께 고려해야 한다. 농산어촌의 학부모도 자녀가 상급학교에 진학할 무렵이 되면, 시내의 큰 학교로 전학하는 것을 고민하는 분위기가 있다. 재구조화 전략 없이 현상을 지켜보기만 한다면 오히려 인구 유출이 늘어나고 농산어촌 학교들이 더 힘들어질 수도 있다.

2030년에는 읍·면 지역 가운데 유치원, 초등학교, 중학교, 고등학교가 가까이 모여 있는 거점 지역을 선정해 [미래형 복합 캠퍼스 단지]를 조성한다. 농산어촌에 살아도 유치원부터 고등학교까지 아이들을 안심하고 키울 수 있는 교육 인프라를 구축하는 것이 목표다. 교직원, 학부모, 지역사회 의견을 수렴해 학교 시설을 최첨단으로 개축하고, 구성원이 필요로 하는 교육 프로그램도 적극 지원한다. 지자체는 해당 지역에 (가칭)창의융합배움터를 설립해 학생들이 안전한 돌봄과 예술·체육 특기 활동, 다양한 마을교육 프로그램을 맘껏 누릴 수 있도록 지원한다. 교직원들은 개교에 준하는 치열한 협의 과정을 통해 각 학교와 지역사회가 연계된 우수한 교육과정을 운영한다.

 소규모 초등학교와 중학교가 하나의 학교로 통합된 [미래형 통합운영학교] 신설도 적극 검토한다. 통합운영학교는 공간 혁신, 민주적 학교문화, 마을공동체 연계를 바탕으로 학교마다 특색 있는 9학년 통합 연계 교육과정을 운영하는 학교다. 초등과 중등 교원이 각각의 장점에 맞게 학생을 서로 교차 지도하고, 학생 수준에 따라 유연하게 교육과정을 운영하는 일종의 '무학년 성취기준제'도 실험할 수 있다.

 이와는 별도로, [혁신형 작은학교] 지원도 병행 추진한다. 지역 소멸 위기에 처한 지역을 '교육우선지구'로 지정하고, 해당 지역의 작은학교는 책임교육 실현이라는 목표 아래 자율적인 교육과정을 운영한다. 예산 또한 총액으로 교부되어 학교 자율성이 높아지며, 교육지원청은 지역의 여러 학교에 대한 통합 행정지원을 한다.

 마침 내년에 강릉 운산분교가 본교로 승격된다는 기쁜 소식이 들린다. 선생님들의 열정과 교육과정에 매력을 느껴 전학하는 학생 수가 늘어났다는 것이 가장 반가운 소식이다. 이러한 사례가 확산될 수 있도록 정책적으로 뒷받침하는 노력은 계속되어야 할 것이다.

자율과 책임으로
교육의 본질을 구현하다

- 학교자치

우리가 지방자치 제도를 운영하는 이유는, 지역주민이 중앙정부에 기대지 않고 자신의 문제를 자주적으로 처리하는 것이 더 바람직하다는 믿음 때문이다. 학교도 마찬가지다. 교육부와 교육청, 학교로 이어지는 행정 체계에 종속되다 보면 학교 구성원들은 자신들의 문제에 대해 상위기관만 바라보며 수동적이 되기 십상이다. 자율과 책임의 원칙 아래 학생, 학부모, 교직원, 지역사회의 적극적인 참여를 통해 더 좋은 교육공동체를 만들어 가는 것이 바람직한 학교자치의 상이다.

하지만 학교자치가 진전되려면 풀어야 할 숙제들이 여럿 있다. 교직원, 학부모, 지역사회의 신뢰는 아직 두텁지 못하다. 교육과정은 중앙집권적이고, 학교 예산을 유연하게 사용하는 것은 어려움이 많다. 지역교육을 총괄해야 할 교육지원청은 아직 도교육청과 학교 사이의 전달자 역할에 머무르고 있다는 지적도 있다.

2030년 강원도 학교에서는 교직원-학생-학부모-지역사회의 참여와 협력에 바탕을 둔 학교자치가 실현된다. 법적 기구인 학교운영위원회는 교직원회, 학생회, 학부모회의 대표가 당연직 위원으로 참여하는 [교육공동체 협의회]로 확대 개편한다. 특히 민주시민 교육의 일환으로서 학생자치 활동을 적극 장려한다.

학교 구성원들은 국가·지역 교육과정을 바탕 삼아 구성원의 숙의를 거쳐 학교 교육과정을 만든다. 이 과정에서 학교와 교사는 모든 학생을 차별 없이 주인공으로 대우하며 책임교육과 맞춤형 개별화 교육을 실천하겠다고 학부모에게 약속한다. 학부모는 자녀의 성장·발달을 위한 상담에 적극 참여하고, 학교수업을 중심에 두고 가정학습을 지원하겠다고 약속한다.

교육청으로부터의 업무전달·보고 체계는 간소화되고 교육과정 중심의 업무 분장이 이루어져 교육활동에 전념할 수 있는 학교 여건이 마련된다. 목적사업비와 시책사업이 축소되어 학교 재정의 자율성도 높아진다.

　교육지원청은 도교육청의 정책과 사업을 학교로 전달하는 '터미널' 기능을 넘어 학교를 적극 지원하는 지역교육 플랫폼 조직으로 자리매김한다. 특히 고교학점제, 마을교육공동체, 위기학생 통합지원 등 학교와 지역사회의 연결이 반드시 필요한 영역에서 능동적인 지원 조직으로서의 정체성을 강화한다. 교육지원청 내 학교지원센터에는 일반행정직과 교육전문직을 함께 배치해 돌봄·방과후, 현장체험학습, 원어민교사 관리 등의 업무까지 지원 영역을 확대한다.

2부

교육, 여기서 멈추면 안 되니까

평가는 섬세한 도구다

– 학습자의 성장을 돕는 평가가 되어야 한다

'평가를 하는 자'와 '평가를 당하는 자'는 여전히 '갑과 을' 관계다. 갑의 위치에 있는 사람이나 기관은 평가를 통해 하급 기관이나 직원들을 통제하고 싶어 한다. 나름 객관적이고 공정하다는 평가 도구를 만들어 적용한다. 평가 결과를 받아 든 기관과 직원들은 평가의 공정성을 의심하면서도 그것이 그나마 공정하다는 생각에, 내면화 과정에 들어간다. 이제 평가를 당하는 자들은 평가를 잘 받는 방법을 생각한다. 자신이 맡은 일을 묵묵하게 잘한다고 해서 좋은 평가를 받는 것이 아니라 평가 도구에 적합한 행동을 하고 결과를 만들어 내야 한다는 것을 체득한다.

여기까지는 그래도 괜찮다. 문제는 평가가 늘 서열화를 염두에 두고 있다는 것. 자녀가 시험 점수를 잘 받아 오면 그것을 그대로 인정하면 될 텐데, 우리는 꼭 다른 친구들 점수를 궁금해한다. 이 것이 아이의 성장이 아니라 서열을 궁금해하는 무의식이 작동했다 는 증거다. 이런 유혹과 무의식을 이겨 내야 한다. 평가는 세심한 도구다. 평가라는 도구를 잘 써야 아이들의 자존감을 길러 주고 성 장을 도울 수 있다.

　시험을 보면 성적이 올라간다고 믿는 사람들이 있다. 아이들을 공부시키는 가장 좋은 방법을 시험이라고 생각한다. 이런 생각을 하게 되면 가르침과 배움이라는 과정은 쉽게 무시하고 문제를 풀고 채점을 하는 것으로 수업시간 대부분을 보내게 된다. 가르치는 사 람은 시험을 보고 등수를 내고 하위에 있는 아이들을 혼내면 역할 이 끝난다. 학창 시절 틀린 문제 수만큼 손바닥이나 종아리를 맞아 봤거나 틀린 문제를 공책에 다섯 번씩 베껴 쓰던 기억들이 있는 사 람이라면 알 거다. 이를 악물고 다시는 틀리지 않겠다고 더 열심히 문제를 풀었던 친구들도 간혹 있었지만, 대부분 아이들의 호기심 과 자신감은 식은 난로처럼 변하고 말았다. 평가가 없는 교육활동 도 문제이지만 가르침과 배움이 없는 문제풀이 수업은 아이들의 창의력과 배움에 대한 욕구를 사라지게 할 뿐이다.

시험에서 좋은 점수를 얻기 위해서는 공부를 해야 한다. 책상에 오래 앉아 있다고 공부하는 것이 아닌 것처럼 시험을 많이 보고 학원을 가면 공부할 것으로 생각하는 것도 착각이다. 다시 말해 공부는 가르침과 배움이 만나는 과정이다. 그래서 평가는 가르치고 배운 것을 대상으로 해야 한다. 내가 배운 것을 섬세하게 평가하는 것은 제대로 배움이 일어났는지 확인하는 과정이기에 학습자가 지겨워하거나 힘들어하지 않는다. 이런 평가는 다른 친구들과 견주어 서열을 매길 까닭이 없고 학습자의 자신감을 불러일으키게 마련이다.

일제고사가 학업성취도평가라는 이름으로 기승을 부릴 때 초등학교 학생들에게 가장 큰 소원은 "시험 없는 세상에서 살고 싶다"는 것이었다. 당시 시험은 아이들의 자존감을 갉아먹는 괴물이었다. 복사기를 돌아 나온 시험지가 칠판 아래 산더미처럼 쌓여 있었고 하루에도 서너 번 시험지를 풀고 점수를 매겼다. 초등학생들이 밤늦게까지 학교에 남아 있는 것을 비판하는 언론보도도 심심찮게 나왔다. 교육전문가라면 참을 수 없는 상황이었고 일제고사 거부

운동이 거세게 일어났던 까닭이기도 했다.

안타깝게도 시험을 보지 않아서 학력이 떨어졌다는 주장이 다시 나오고 있다. 학력이 떨어졌다는 것이 사실이라면 공부를 안 했기 때문이지 시험을 보지 않아서가 아니다. 가르침과 배움이 더 잘 이루어지도록 관련 대책을 세우고 이에 맞게 예산과 인력을 투자하면 될 일이다. 교사들이 더욱 꼼꼼하게 학생들에게 집중할 수 있도록 여건을 마련해야 하는데 할 일은 안 하고 시험만 본다면 교육 현장은 다시 지옥을 맛보게 될 것이다.

학생 모두를 대상으로 똑같은 도구로 일제식 평가를 해야 한다고 주장하는 사람들의 무의식에는 아이들 한 명 한 명이 개별로 있는 것이 아니라 집단으로 존재하고 있다. 지역과 학교와 아이들의 등수를 매겨 통제하고 싶은 욕구를 '성취도 평가'라는 말로 그럴싸하게 포장하는 것이다. 일제고사 찬반 논쟁으로 또다시 교육 현장을 갈등으로 몰아가고 싶지 않다면 표준화 시험을 이용한 전수평가가 필요하다는 주장은 접어 두면 좋겠다. 표집으로도 충분히 정책의 효과성을 검증할 수 있다. 우리가 그토록 신뢰하는 국제 학업성취도평가(PISA)도 표집으로 이루어지고 있다는 사실을 알아야 한다.

마찬가지로 교육 구성원들도 평가에 대해 유연한 태도를 보여야 한다. 학생의 성장을 돕는 평가를 고민하고 섬세하게 활용하는 것은 교육의 기본이다. 우리 아이들에게 진지한 질문을 던지는 방식의 평가 도입에 적극 나서길 바란다. 아울러, 여러 정책의 효과성과 적합성을 판단할 수 있는 연구도 상시로 이루어져야 한다. 필요하다면 연구원 중심으로 정책의 도입 전·후 학습의 흥미도와 학생들의 성취 수준을 파악해 정책의 지속, 확대 여부를 판단할 자료를 축적해야 한다. 과감하게 관련 의견을 수렴하고 예산과 인력을 배치해 과학적인 데이터 확보에 나서야 한다. 더 이상 주저할 일이 아니다.

아이를 지키는 것은
한 사람의 지지와 인정이다

둘째 아이가 컴퓨터활용능력 1급 자격을 받았다고 자격증 사진을 올렸다. 여섯 번째 도전이었다. '여섯 번 만에 합격한 게 무슨 자랑이라고' 싶은 마음도 있지만, 학원에 기대지 않고 참고서 서너 권으로 공부했으니 쉽지 않은 도전인 것만은 분명해 보인다.

엄마는 "잘했어, 축하해! 정말 대단하다"고 답글을 달았고 나는 "컴퓨터활용능력 1급은 '국가기술자격' 중에서 난이도가 가장 어려운 자격증 중 하나다. 보통, 1급 합격률은 실기시험 기준 10%대 정도다. ─ 위키백과"라고 검색한 결과를 그대로 덧붙였다.

자녀가 어떤 성취를 했을 때 최고의 응원은 어떤 것일까? 칭찬은 고래도 춤추게 한다지만, 독이 될 수도 있다는 반대되는 의견도 있다. '잘했어! 축하해! 대단해!' 같은 감탄사는 누구나 어떠한 상황에서도 할 수 있는 칭찬이지만, 아이가 어떤 일을 해냈는지 구체적으로 알 때만, 다시 말해 관심이 있을 때 할 수 있는 칭찬도 있다.

사람들은 누가 자기에게 기대를 가지고 사랑해 주면 그런 기대에 자신을 맞추려고 하는 심리가 있다. 이것을 우리는 '피그말리온 효과'[5]라 한다. 부모나 교사의 기대와 사랑, 그리고 관심을 줄 때 자녀와 학생의 지능, 태도, 행동까지 변할 수 있다는 말이다. 하지만 반대로 어렸을 때 부모님이 지나치게 모든 것을 해 줄 때 다음 단계로 넘어가지 못하는 경우가 있는데 이를 '고착'이라 한다. '고착'이 일어나면 아이의 몸은 커지지만, 심리적 발달은 제자리에 머물면서 '마마보이'라는 이야기까지 듣게 된다. 이를 흔히 '피터팬 증후군'이라 한다.

나는 이 두 현상의 사이에는 어떤 권위자의 칭찬과 비판의 적절함이 있다고 본다. 아이가 성취한 것 이상의 칭찬은 분명히 독이

---

5. 정신을 집중해 어떠한 것을 간절히 소망하면 불가능한 일도 실현된다는 심리적 효과. 그리스 신화의 피그말리온 일화에서 유래하였다.

될 수 있다. 아이가 어려운 수학 문제를 풀었거나 휴지를 줍거나 설거지를 했을 때 '잘했다', '훌륭하다'는 칭찬이 적절한지 늘 고민해 봐야 한다. 밝은 얼굴로 '어려운 문제를 풀었네', '아이구, 휴지를 주웠네', '설거지를 깨끗하게 했구나'처럼 행위를 반갑게 인정해 주는 것으로도 마음을 전할 수 있다. 아이의 처지에서 어떤 말에 더 사기가 오르고 자존감이 높아질까.

'하와이 카우아이섬'에서 오래전에 뜻있는 실험이 있었다. 1955년에 이 섬에서 태어난 신생아 833명을 성인이 될 때까지 추적하는 연구였다. 당시에 사회과학자들은 나쁜 환경에서 나고 자란 아이들은 비행 청소년으로, 범죄자 혹은 중독자의 삶을 살게 될 것이라는 통설을 믿고 있었다. 그런데 연구 결과는 달랐다. 놀랍게도 833명의 아이들 가운데, 아주 열악한 환경에서 태어난 201명 중에 70여 명이 원하는 것을 성취하며 반듯하게 성장했다는 것이다. 연구에 참여했던 '에미 워너'는 40년에 걸친 '카우아이섬 종단연구'를 정리하면서 '어려운 환경에서도 제대로 성장한 아이들이 예외 없이 지니고 있는 공통점은 아이를 이해해 주고 믿고 지지해 주는 어른이 적어도 한 명은 있었다'는 점을 들었다.

'아이를 이해해 주고, 믿고, 지지해 주는 어른' 누구여야 할까. 물론 가장 먼저 부모의 책임이겠지만, 빈자리가 있다면 기꺼이 교사가 그 역할을 해 줘야 하지 않을까. 교사의 따뜻한 시선이 실패를 딛고 다시 일어설 수 있는 디딤돌이 되어 주면 좋겠다.

어제 쪽지 글을 하나 받았다.

> "참 더운 나날들입니다. 방학이라고 멍하니 있을 수 없어 공무원 4조 취지에 맞게 아이들 데리고 동네 도서관에서 반나절을 보냅니다. 어릴 때는 공부하는 시간이 지겨웠는데, 왜 지금은 이리도 즐거울까요? 항상 뒤늦게 후회하는 제 모습을 돌아보니 늘 어리석다는 생각을 해 봅니다."

아이를 데리고 동네 도서관을 나온 선생님, 아이가 선생님의 자녀인지 아니면 동네에 사는 학급의 아이인지 모르겠지만 '아이를 믿고 지지해 주는 어른'이라 믿는다. 이처럼 모든 아이들에게 늘 응원하고 지지하는 어른 한 사람이 있었으면 좋겠다. 그리고 그가 교사이길 간절히 바란다.

공교육은 불평등에 맞서는
방파제가 되어야 한다

최근 프로젝트 얼룩소(alookso), KBS 시사기획 창, 한국리서치가 공동기획한 〈계급이 돌아왔다−이대남 현상이라는 착시〉[6] 기사의 내용을 보면 그 결과는 사뭇 충격적이기까지 하다. 누구나 조금은 예상했지만 차마 입 밖에 꺼내지 못했던 슬픈 숫자들이 보인다.

총 2,000명이 응답한 웹조사 결과에서 하위 계층을 구성하는 청년들은 상위 계층의 청년에 비해 고등학교 졸업으로 학업을 마치는 비율이 3.7배 높았다. 반면 괜찮은 대학으로 분류되는 '인서울'

6. https://alook.so/posts/XBteeJ 「계급이 돌아왔다−이대남 현상이라는 착시」 (2021. 11. 8.)

에 진학하는 비율은 상층 청년이 하층 청년보다 2.7배 높았다. 상층 청년들은 73%가 "내 미래가 기대된다"고 답했지만, 하층 청년들은 58%가 "기대되지 않는다"고 답했다.

시험을 통한 선발이 무엇보다 공정하다고 생각하는 태도(보통 한국에서는 이러한 경향을 능력주의라고 부른다. 하지만 엄밀히 말하면 이건 능력주의라기보다는 한국 특유의 '시험주의'에 가깝다) 또한 계층에 따라 성향이 갈렸다. '정규직은 시험을 통과했으니 같은 일을 하는 비정규직보다 더 많은 월급을 받는 게 공정하다'는 문항에 상층 청년 76%가 동의했지만, 하층 청년 51%는 동의하지 않았다. '개인의 능력은 가정환경과 무관하므로 능력 있는 사람이 성공하는 세상은 공정하다'는 주장에는 상층 청년 56%가 동의했지만, 하층 청년 55%는 부정했다.

혹자는 이렇게 주장할 수 있다. "학창 시절에 똑같은 조건에서 열심히 공부하면 될 텐데, 열심히 안 해서 하층이 되는 거 아냐? 능력이 부족하니 능력주의를 비판하는 거 아냐?"

이를 의식한 듯 기획자들은 조사 대상 청년들의 청소년기 공부 환경을 조사했다. ▲나는 생계 걱정 없이 공부에 전념할 수 있었다 ▲우리 집에는 내가 공부하는 방이 따로 있었다 ▲나는 정기적으로 부모님한테서 용돈을 받았다 ▲나는 필요한 경우 독서실이나 학원을 다닐 수 있었다 ▲부모님은 나의 학업을 지원해 주셨다 ▲부모님은 나의 대학 진학을 원하셨다. 이상 6개 문항에 대해서 대부분의 질문에 '매우 그렇다'로 답변한 그룹이 앞서 말한 상층 청년들이다. 그리고 '그렇지 않다'로 답변한 청년들이 하층 청년들이다. 즉 청소년기에 공부환경이 좋았던 상층 청년은 대학 진학률도 높고, 미래를 희망적으로 생각하고, 삶의 만족도도 높았지만 하층 청년은 그 반대였다. 온전히 개인의 능력과 노력만으로는 설명되지 않는 부분이다.

더불어 상층 청년의 94%는 "부모님이 내 삶에 도움이 되었다"고 답한다. 하층은 41%만 그렇다. 짐이 되었다는 응답은 상층 청년이 1%, 하층 청년이 22%다. 가족에서 마음의 위안을 느낀다는 응답도 상층 청년은 91%, 하층 청년은 43%다.

이 결과에 대해 기사를 기획한 천관율 기자는 다음과 같이 평한다. "'가난하지만 화목한 가정'은 옛날 얘기다. 따뜻한 가족을 얻는 데도 돈이 든다. 우리는 가족의 화목이야말로 돈으로 살 수 없는 가치라고 생각한다. 실제로는 정반대다. 그 어떤 다른 차이보다도, '따뜻한 가족'의 계층 격차가 가장 크다."

미국 미식축구 코치인 베리 스위처는 다음과 같이 말했다. "어떤 사람은 3루에서 태어났으면서도 자기가 3루타를 친 줄 안다." 타당한 주장이다. 하지만 거기에 머물러서만은 안 된다. 3루에서 태어났든, 1루에서 태어났든, 모두가 '자신의 꿈'이라는 홈에 들어올 수 있도록 애써야 하는 것이 공교육의 책무성이다.

모두를 꼭 대학에 보내야 한다는 뜻은 아니다. 구조적으로 상대평가 경쟁 체제인 대학입시에서는, 누군가는 서열화된 대학의 상층부에 들어가고, 누군가는 실패할 수밖에 없다. 따라서 불평등을 완화하기 위해서는 고등학교 교육과정에서 상대평가를 완화해야 하고, 대학 서열화를 해체하기 위한 과감한 투자가 필요하며, 소위 '인서울'과 고졸 취업자, 또는 정규직과 비정규직 사이의 결과의 격차도 줄여야 한다. 모든 청소년이 가족을 짐이라고 느끼지 않도록 복지 안전망도 튼튼히 해야 한다. 정부와 온 사회가 그렇게 노력해야 한다.

더불어 우리 강원교육이 가슴 아프게 함께 고민해야 할 부분도 있다. 공교육은 불평등에 맞서는 방파제가 되어야 한다. 단지 부모가 가난해서, 생계를 신경 써야 해서, 시골에 살아서, 필요할 때 적절한 도움을 받을 수 없어서, 그래서 공부를 잘하고 싶고 대학에도 가고 싶은데 그 기회 자체를 박탈당하는 일은 없어야 한다. 학생 모두가 학교 공부를 통해 시민의 기본 소양을 쌓고, 자신의 꿈을 찾아 최선을 다하는 과정에서 가정환경에 발목 잡히는 것을 최소화하는 일, 그 길에 우리의 사명이 있다고 믿는다.

다시는 학교 문을
닫으면 안 됩니다

　어제는 에어컨을 켜지 않고 잠을 잤다. 풀벌레 울음소리가 달라진다 싶더니 열대야 없는 밤을 보냈다. 말복이 지나고 광복절이 지나면 대부분의 학교는 2학기를 맞는다. 코로나만 아니었다면 개학과 함께 운동장에는 아이들로 가득 찰 것이다. 학교는 밤이 여물 때를 맞춰 운동회나 체육대회를 계획하고 있을 거고, 까맣게 그을린 아이들이 호기심 가득한 눈망울로 학교 이곳저곳을 둘러보겠지.

　지난 3월과 4월 교육감님과 함께 코로나로 생긴 격차 해소를 주제로 17개 교육지원청과 15개 직속기관을 돌며 직원들과 간담회를 나눴다. 그때 평창에 근무하는 교장 선생님은 개학 연기로 혼란스러웠던 지난해를 떠올리며 '다시는 학교 문을 닫으면 안 된다'고 강조하셨다. 학교에 기대어 사는 아이들이 생각보다 많다. 우리 아이들의 총체적인 삶이 학교를 중심으로 이루어지고 있음을 누구보다 잘 알고 있기에 할 수 있는 말씀이라 생각했다.

올 4월에 강원대학교에 의뢰해 학업성취도 변화를 중학교 2학년 기준으로 들여다보았다. 학교에 나와야 공부하는 아이들에게 원격수업은 학습에 대한 흥미 저하를 불러왔을 것이고, 이는 곧바로 성취도에 영향을 끼쳤을 것이다. 연구 결과 모든 아이가 힘들었지만, 그중에서도 학교 나오는 일수가 적었던 도시 지역 큰 학교에서 학업에 어려움을 겪는 아이들이 집중적으로 늘었음을 알 수 있었다. 가정환경이 어려운 교육복지대상학생들 상황은 더 어려웠다. 가정에서의 돌봄과 지원이 취약한 학생일수록, 학교의 공적인 역할이 축소될 때 더 집중적인 결핍이 생겼다.

지난 1년 6개월, 이를 극복하기 위한 학교 교직원들의 분투가 눈물겨웠다. 학생들의 어려운 상황이 원격수업 상황에서 드러나자 학교 기숙사에 입소하도록 해 무사히 졸업시킨 사례도 있었고, 원격수업이 어려운 학생들을 따로 학교로 불러 개인지도를 한 선생님들도 있었다.

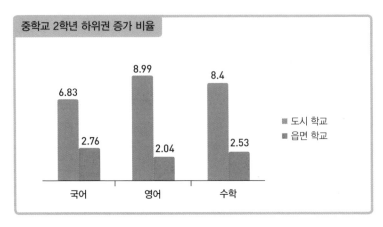

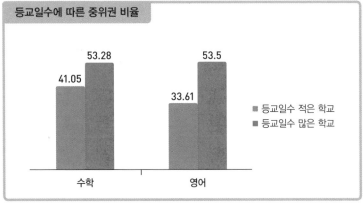

출처 : 강원도교육연구원, 코로나19 전후 강원도 중학생의 학력격차 분석

모든 학교가 전면등교를 준비하고 있다. 계획대로라면 교직원들
은 8월까지 접종을 완료하고 학생들과 접촉이 많은 학교 밖 강사들
도 학생들과 만나기 전 접종을 마쳐야 한다. 도교육청도 학생들의

일상을 위해 종합적인 계획을 추진하고 있다.

　가장 중요한 것은 교장 선생님의 호소처럼 모든 학생의 안정적인 등교를 확보하는 것이다. 아울러, 학생들의 신체활동과 체험활동, 방과후 교육활동도 정상적으로 운영할 수 있도록 준비해야 한다. 교사들이 학생들에게 더욱 집중할 수 있도록 방역 지원을 늘릴 것이고, 행여나 학생·교직원 중에 감염이 발생하더라도 혼란을 최소화할 수 있도록 신속 대응 체제를 갖출 것이다. 각 학교에서는 안정적 대면 수업을 바탕으로 학생들이 겪는 어려움을 밀도 있게 지원할 것이다.

　다음으로 학생들의 심리·정서적 공백을 채워 주어야 한다. 현장에서 학생들을 관찰해 보면 다른 생활은 모두 정상인데 학업만 어려움을 겪는 경우는 드물다. 특히 비대면 수업이나 방과 후 시간에 돌봄이 취약하고 고립감을 느끼는 아이들이 인터넷 중독 및 학업 저하까지 복합적인 어려움을 겪게 되는 경향이 강하다. 교육복지사 선생님들이 취약계층 학생들에 대한 가정 방문과 생활 지원을 적극적으로 펼칠 예정이다. 그래도 절대적으로 일손이 달린다면 대학생 온라인 멘토링을 비롯해 지역사회 문화활동가들과도 다양한 협력 사업을 준비하고 있다.

아울러, 언제 또 발생할지 모르는 재난의 상황에서도 관계와 학업의 어려움을 최소화할 수 있는 시스템을 근본적으로 짜 나갈 것이다. 과밀 학급을 해소할 수 있는 적정 규모 학교 만들기, 다인수 학급 환경에서도 천천히 배우는 아이들을 집중하여 지원할 수 있는 개별화 교육시스템과 기초학력 전담교사 배치, 가정에서 쉽게 참여할 수 있는 진단시스템 개발과 보급에 이어, 다양한 학습지원 인력까지 강원교육 구성원을 중심으로 다양한 영역에서 토론이 펼쳐지고 있다. 숙의 과정을 거쳐서 내년도 사업계획과 예산안에 충실하게 반영할 계획이다.

가장 중요한 것은 어른들의 마음이라고 믿는다. 학업에 어려움을 겪는 정도가 등교 일수에 반비례했다는 것은 결국 아이들을 건강하게 키우는 핵심이 어른들의 '따뜻한 눈길'이라는 반증 아닐까. 학교와 지역사회가 협력해 우리 아이들의 행복과 잘 삶을 위한 촘촘한 지원망을 짜 나가는 일이 새삼스럽게 중요한 과제로 다가온다. 다른 이유가 없다. 아이들 한 명, 한 명이 너무나 소중하니까.

학습복지의 전제 조건,
학급당 정원 20명

한 학급에 30명. 교육부에서 말하는 과밀학급이다. 꽉 찬다. 빈
틈이 없다. 학급당 학생 수가 50~60명이었던 과거를 떠올리면, 왜
그때 이야기를 하냐고 핀잔을 들을지도 모르겠다. 당시 선생님들이
왜 분필을 던졌는지, 왜 아이들 이름 대신 번호를 불렀는지 이해가
된다. 뒤에 앉는 아이들한테 갈 방법이 없었을 것이고, 중·고등학교
의 경우 4학급만 수업에 들어가도 만나는 아이는 200명을 넘는다.
조·종례를 늘 하는 담임교사나 주에 4~5시간 수업을 하는 국어,
영어, 수학 선생님이 아니라면 아이 이름을 모두 외운다는 것은 보
통 어려운 일이 아니었을 것이다.

새로운 천 년이 온다고 해맞이로 들썩였던 2000년에 64만 명이

태어났다. 그리고 2020년, 27만 명이 태어났다. 현재 학급수와 교사 정원을 그대로 유지한다면 교사들이 그토록 바라던, 학생들 한명 한 명 눈을 맞춰 줄 수 있다는 학급당 학생 수 20명은 머지않아 이루어질 것이다. 국토연구원은 2000년부터 2020년까지 전국 226개 기초자치단체 중 66%에 달하는 151곳의 인구가 감소했다고 밝혔다. 강원도의 시·군 중 이 기간 인구가 늘어난 곳은 춘천, 원주, 횡성뿐이다. 반대로 인구가 20% 이상 감소한 지역은 삼척, 태백, 영월, 정선, 고성 등인 것으로 확인됐다. 또 인구가 가장 많았을 때와 견줘 절반 넘게 감소한 곳으로 삼척(140,092명→69,509명), 태백(117,090명→46,715명)이 각각 포함됐다. 특히, 삼척, 영월, 평창은 인구 감소와 이동, 고령화율, 합산출생률, 재정자립도 등을 종합적으로 고려해 지방소멸 위기 지역으로 분류해야 한다고 분석했다.

현재 도내 시 지역 초등학교 학급당 학생 수 상한이 26명인데, OECD 기준으로 보면 조금은 벅차다. 더 나은 교육을 위해 가능하다면 학급당 20명까지는 낮춰야 한다. 현재 우리나라의 경제 규모나 교육 재정 규모로 보면 충분히 가능한데도, 중앙정부는 자연적인 학력아동 감소라는 위기의식만 강조하고 있지 이를 교육선진

국으로 전환하는 기회라고 생각하고 있지는 않은 것 같아 안타깝다. 그래서 내년부터는, 강원도교육청 먼저 초등학교 1학년만이라도 학급당 정원 20명 감축을 추진하려고 한다. 여유교실이나 특별실을 교실로 전환할 수 있는 곳은 시범적으로 먼저 시행하고, 교실이 부족한 학교는 모듈러 교실을 지원해 2023년 적용하면 어떨까 싶다. 그리고 그 성과를 중앙정부에 주장할 생각이다. 모든 학년의 학급당 정원 20명, 바로 실현하자고 말이다.

이를 위해 교육계가 해야 할 일이 하나 있다. 강원도 초·중·고 전체 학급수는 7,717개. 학급당 학생 수 20명 이하는 2,602개.[7] 지금이라도 교사 개인이 원한다면 학급당 학생 수 20명 이하인 학교에서 교육의 꿈을 펼치며 교직생활을 할 수 있다.

지난 몇 년 전, 강원도는 초등교사 모집에 애를 먹었다. 임용고시 사이트에서 몇몇 예비교사들은 '전충강'이라며 강원도를 영화《웰

---

7. 초등학교 전체 학급수 4,256개(특수 219학급 포함) 중 1,894학급, 중학교 전체 1,655학급(특수 80학급 포함) 중 274학급, 고등학교 전체 1,806학급(특수 58학급 포함) 중 434학급.(2021. 4. 1. 기준)

컴투 동막골》이나 《선생 김봉두》에 나오는 지역처럼 희화화하기도 했다. 강원도에 임용시험을 보고 발령을 받고서도, 도시로 가겠다며 다시 시험을 치르고 사표를 쓰는 교사도 있었다.

옆 교실은 30명이고, 우리 교실이 20명이라면 당연히 더 좋은 교육을 할 수 있다는 자신감이 생길 것이다. 교사의 에너지가 한정되어 있다면 학급당 학생 수가 20명 이하인 교실에서 한 아이에게 돌아가는 관심이 많아지는 것은 당연한 일이다.

이에 더해, 20명이 공부하는 교실이 30명 공부하는 교실보다 더 배움에 충실할 수 있다는 것은 '수업이 달라져야 한다는 것'을 전제로 해야 한다. 학생 맞춤형 개별학습이 가능해야 하고, 특별한 교육과정이 필요한 학생들 7~8명은 개별화 교육과정을 운영해야 한다.

우리는 그렇게 할 준비가 되어 있는가. 아니 지금 그렇게 하고 있는지 돌아볼 일이다. 지금 학급당 학생 수가 20명 이하인 도내 2,602학급의 수업은 어떤 모습일까. 학급당 학생 수 20명 이하를 주장하며 내세우는 근거가 작동하고 있는지 살펴봐야 한다. 학급당 학생 수가 30명인 학교와 20명 이하인 학교의 학부모, 학생, 교사들의 만족도가 어느 정도 차이를 보일지도 궁금하다.

학급당 학생 수 20명, 절대적으로 동의하고 누구보다 먼저 바라는 일이다. 그래야 아이들을 더 많이 사랑할 수 있고 더 많이 도와줄 수 있기 때문이다. 학급당 학생 수 감축으로 얻을 수 있는 교육적 효과를 철저하게 검증하고 과감한 재정투입으로 교원정원을 유지하고 어떠한 팬데믹 상황에서도 학교를 열겠다는 자신감을 보인다면 교사보다 먼저 학부모와 학생들이 학급당 학생 수 감축을 위한 목소리를 낼 것이라 기대한다.

알파고를 장착한
이세돌을 꿈꾼다

메타인지. 내가 알고 있기로는 '아는 것과 모르는 것을 아는 능력'쯤이다. '테스' 형이 했다는 '너 자신을 알라'는 말의 확장판일 수도 있겠다. 그런데 문제는 이게 쉽지 않다는 것이다.

고등학교 시절 큰마음 먹고 '○○의 정석'이나 '○○기본영어'를 구해서 1쪽부터 공부하기 시작하지만 이내 포기한다. 한 달 뒤 모의고사를 보고 나서 '이래선 안 되겠다' 싶어 다시 책을 펼치는 것까진 좋은데 또 1쪽에서 시작한다. 지난번 공부한 다음부터 하면 될 텐데, 자신이 아는 것과 모르는 것을 구분하지 못하니 또 1쪽부터 살펴볼 수밖에 없는 일. 그래서 결국 뒷부분은 연필 자국 하나 남기지 못하고 미지의 영역으로 남겨 두는 일이 흔했다. (중고책방에 가서 참고서를 사 본 사람은 공감할 것이다.)

내가 아는 것과 모르는 것을 알려 주는 도구가 있다면 당신은 그 도구를 활용하겠는가. 내가 알고 있는 지식(핵심 개념)에서 시작해 새로운 영역으로 전이를 돕는 도구가 있다면 곁에 두겠는가. 쓸데없는 질문이다. 당연히 복잡한 계산식을 손쉽게 풀 수 있게 도와주는 계산기처럼 곁에 두고 싶을 것이다.

그런 도구가 등장했다. 메타학습이 가능한 도구, 지식의 전이를 돕는 도구가 '인공지능'과 '빅데이터'란 탈을 쓰고 나왔다. 그리고 그 확장성에 대해서는 아직 의견이 분분하다. 심지어 인간을 대신할 수 있을 거란 전망을 하는 사람도 있다. 하지만 분명한 것은 계산기가 수학자를 대신하지 않고 있다는 사실이다. '측정하기 쉬운 것은 자동화되기 쉽다'는 말이 있는 것처럼 세상의 모든 일이 객관적으로 세분될 수 있다면 인공지능 알고리즘은 모든 것을 다룰 수 있다. 그러나 우리가 골치 아파하는 대부분의 경우는 인간의 문제, 가치의 문제로 알고리즘이라는 도식으로 판단하기는 어렵다는 것을 인정해야 한다.

인공지능은 인간을 포함한 생물의 전유물이었던 '학습'과 '생각',

'감정'을 기계가 대신할 수 있다는 아이디어다. 인간의 '희로애락' 과 '욕구'가 생물학적 호르몬 작용이고, 이 호르몬을 화학적 물질로 조절할 수 있다면 수학적 알고리즘으로도 구현할 수 있지 않을까 하는 인간의 상상력 앞에 또 다른 인간이 아주 곤혹스런 얼굴로 마주하고 있는 상황이다.

요즘은 단순한 계산이나 어떤 사실을 '모른다'고 말하는 사람은 드물다. 왜냐하면 대다수가 스마트폰을 곁에 두고 있기 때문이다. 검색하면 답이 나온다. 물론 그 답이 사실이나 진실인지는 본인이 판단해야 할 몫이지만.[8]

그렇다면 '미래사회에 우리는 무엇을 학습해야 하는가?'라는 질문에 대한 대답은 당연히 다양한 분야로 전이가 가능한 '핵심 개념'일 수밖에 없다. '핵심 개념을 이해한다'는 것은 기초·기본 지식에 대해 이해를 하고 있다는 말로, 현상을 해석할 수 있고 다양한 문제를 다룰 수 있는 능력을 갖추고 있다는 뜻으로 봐야 한다. 이것은 '적은 것이 더 많은 것을 포함한다'[9]라는 접근으로 미래사회

---

8. 산초와 초피를 검색해 보면 서로 다른 주장이 나온다.

우리가 학습해야 하는 것은 쉽게 검색과 계산이 가능한 내용보다는 '핵심 개념'과 '핵심 개념을 다른 맥락에 활용할 수 있는 전이의 능력'을 기르는 것이어야 한다.

이 같은 결론에 동의한다면 '어떻게 학습할 것인가'에 대한 견해도 다르지 않을 것이다. 인공지능과 빅데이터는 다수의 합의에 도달하기 전임에도 교육과 학습의 장면 장면에서 더 많이 쓰일 것이다. "우리는 교육 분야에서 인공지능을 어떻게 개발하고 활용할 것인지에 대해 컴퓨터 과학자, 인공지능 엔지니어 그리고 큰 기술회사들에게 맡겨 놓을 수도 있고, 직접 논의에 참여할 수 있다. AIED(Associate in Industrial Education)를 수동적으로 받아들이는 조연의 입장을 취할 것이지, 아니면 적극적 논의에 참여해 생산적인 토론을 통해 더 나은 AIED가 적용되는 교육의 상황을 만들어 가는 주인공이 될 것인지는 각자의 선택에 달려 있다."[10] 이런 전문가의 견해는 중간자 입장 같지만 후자를 우리에게 강권하고

---

9. 미야 비알릭·찰스 페델·웨인 홈즈 지음, 『인공지능 시대의 미래교육』, 박영스토리, 2020. 53쪽.

10. 같은 책, 261쪽.

있다. 피할 수 없다면 선택이 아니다.

인간은 선한 것만 배우지 않는다. 편견과 혐오, 폭력과 나약함도 배운다. 인공지능도 그러지 말라는 법이 없다. 우리는 인공지능을 활용하면서도 인공지능의 권고, 제안, 또는 명령(?)이 최선인지 선택해야 한다. '알파고'로 무장한 '이세돌'은 알파고의 제안대로 둘 것인지 아니면 내가 생각하는 더 나은 점에 바둑돌을 놓을지 선택해야 한다. 이세돌은 바둑이라는 놀이의 '핵심 개념'과 '바둑돌의 무궁무진한 전이', '그리고 알파고의 훈수(?)까지' 이해해야 한다.

인공지능과 빅데이터가 인간을 대신할 것 같다고 하지만, 나는 인간의 역할이 결코 더 가벼워지지 않으리라 생각한다. 더 나은 선택을 위해 우리는 배움을 이어 가야 하고, 다시 학교에 가야 한다.

특수교육에서 배운 미래

- 개별화 교육

벌써 10년 넘게 일요일 저녁이나 월요일 새벽이면 망상나들목을 지나 춘천으로 차를 몬다. 출근 시간에 맞춰 춘천에 닿으려면 7시 전에는 고속도로에 들어서야 한다. 그때쯤 강릉 오성학교 버스를 만나곤 했는데 2012년 어느 날 내가 아는 아이가 그 시간에 버스를 기다리고 있었다. 망상초등학교에 다니던 아이, 내가 담임을 하지는 않았지만, 장애가 있어 다들 더 마음을 썼던 아이. 이 시간에 나오려면 몇 시에 일어났을까.

2018년 태백에 있는 특수학교에서 교장으로 일할 때도 가장 마음에 걸리는 것은 학생들의 등·하교였다. 동해에서 출발하는 통학

버스를 타는 형식(가명)도 아침 7시 전에 집을 나서야 했다. 이처럼 가까운 곳에 특수학교가 없으면 장애가 있는 아이들은 왕복 3시간 넘게 버스에 몸을 맡겨야 한다. 장애를 떠나 누구나 공평한 교육 기회를 보장해야 하는 것이 공교육의 책무다. 그 마음으로 영동 남부권에 특수학교 설립을 위해 노력했고, 드디어 2022년 3월 동해시에 특수학교(동해 해솔학교)가 문을 연다. 너무나 다행스러운 일이지만, 아직 남아 있는 과제가 많다. 단지 학교가 생긴다는 것만으로 모든 문제가 해결되는 것은 아니기 때문이다.

학교에는 다양한 아이들이 있다. 키가 큰 아이와 작은 아이, 축구를 잘하는 아이와 못하는 아이, 부모가 모두 있는 아이와 그러지 못한 아이, 장애가 있는 아이와 없는 아이 등 아이들은 저마다 차이가 있다. 당연한 이야기지만, 이런 차이를 이분법적으로 나누어서는 안 된다. 한 아이도 똑같은 아이가 없기 때문이다.

아이 한 명, 한 명이 소중한 시대다. 모든 아이들은 차별받지 않고 개인의 흥미나 관심, 차이와 다양성에 맞는 교육을 받을 수 있어야 한다. 또한 모든 삶은 '총체적'이기에, 함께 배우고 느끼면서 서로를 이해하는 교육이 필요하다. 아이들을 통합적으로 바라보고 개별화된 지원을 해 나가는 것이 우리 교육이 가야 할 길이다.

특수교육법 제1조에 따르면, 국가는 장애인 및 특별한 교육적 요구가 있는 사람에게 통합된 교육환경을 제공할 의무가 있다. 장애의 정도를 고려하여 특수아동도 자아실현을 이루고 사회에 통합되어 살아갈 수 있도록 교육적 지원이 필요하다. 하지만 학교에서 특수아동의 상황은 녹록지 못하다. 통합교육의 당위성에도 불구하고, 현재의 조건에서 학교에 모든 것을 떠넘기기에는 한계가 있다. 특히, 도심지역에서는 학급당 학생 수가 너무 많아 개별화된 교육을 지원하기가 어렵다. 농어촌지역도 교사 수가 적은 이유로 업무가 과중한 경우가 많아 쉬운 일이 아니다. 특수교사는 만성적으로 부족하며, 다양한 기관과 전문가 사이의 협력체계 구축도 충분하지 않다. 다양한 구조적인 문제들이 개별화된 지원을 제한하고 있는 것이다. 하지만, 통합교육이 우리가 나아가야 할 길이라면 통합학급을 담당하는 교사의 어려움을 공감하면서 문제 해결에 적극 나서야 할 때다.

조금 다른 얘기지만, 최근 미래교육의 가장 중요한 의제는 단언컨대 '개별화 교육'이다. 교육 격차를 해소하고 모든 아이의 잠재된

탁월성을 키워 주는 것이 바로 미래교육이기 때문이다. 그렇다면, 역설적이게도 미래교육은 특수교육으로부터 배워야 한다. 특수교육은 오래전부터 학생 중심의 교육과정, 즉 개별화 교육과정을 실천해 왔다.

특수교육대상학생을 차치하고서도, 이미 우리 교실에는 수많은 '느린 학습자'들이 있다. 북유럽 등에서는 이런 아이들도 특수교육에 포괄하여 '따로 또 같이' 교육을 하고 있다. 한국은 특수교육대상학생이 전체 학생의 1%를 조금 넘지만, 북유럽이 10%대인 것을 보면 그 차이만큼의 '느린 학습자'가 이미 각 교실에서 통합교육을 받고 있다고 추정할 수 있다.

건축공학에는 보편적 설계(Universal Design)라는 개념이 있다. 장애와 개인의 특성 등에 상관없이 누구나 보편적으로 사용할 수 있도록 건축물을 설계해야 한다는 뜻이다. 가장 취약한 사람을 위한 것이 동시에 모두를 위한 것이라는 의미를 담고 있다. 이러한 보편적 설계의 의미를 교육에 도입하면 어떨까? 앞서 말한 구조적인 문제는 설계를 고치는 것부터 시작해야 하기 때문이다.

구체적으로는 과밀학급 문제, 교사의 업무 부담 문제를 해결해야 한다. 더불어 동일한 진도와 동일한 평가라는 관습을 허물고, 학생의 특성에 맞는 적절한 성취 목표와 학습 지원 체계, 피드백과 재도전 기회를 충분히 제공하는 평가 체제를 고민해야 한다. 그리하여 천천히 배우는 학생도 두려움 없이 참여하고 성공적으로 배울 수 있는 개별화 교육과정을 우리 교실에 구현해 낼 수 있다면 미래 교육에 성큼 다가갈 수 있을 것이다. 앞으로 각별한 정책적 고민과 연구가 필요한 분야다.

얼마 전 특수학교 설립을 요구하는 엄마들의 노력을 담은 다큐멘터리《학교 가는 길》이 상영금지 가처분 소송에 걸렸다가 취하되는 우여곡절이 있었다. 아이들에게 배움의 기회를 주기 위한 부모들의 외침이 세상을 바꾸어 놓았다. 하지만 배움의 기회를 넘어서, 모든 학생들의 성공적인 배움으로 나아가려는 노력은 계속되어야 한다. '모두를 위한 교육'은 '한 아이도 포기하지 않는 교육'과 같은 말이다.

문화예술,
누구나 마음껏 누려야 한다

- 모든 아이는 특별하고 반짝반짝 빛나야 한다

"오늘 오후 1시부터 찾아가는 예술한마당이 있습니다. 12시 50분까지 체육관으로 모여 주시기 바랍니다." 화려한 옷을 차려입은 가수와 음향 감독, 그리고 10여 명 남짓한 연주자가 태백을 찾아왔다. '우리 아이들이 이해하고 즐길 수 있을까?' 하는 고민은 첫 연주가 끝나자마자 사라졌다. 누가 시작했는지 모를 박수 소리와 함성이 터졌다. 이어지는 노래와 연주마다 아이들은 어깨를 들썩이고 손뼉을 치면서 연주를 즐겼다. 준비했던 60분 공연이 금방 끝나고 말았다.

강원도교육청에서는 '학교로 찾아가는 예술한마당' 등 다양한 문화예술사업[11]을 펼치고 있지만 도내 모든 학교를 대상으로 하는 전면적인 문화예술교육은 엄두를 내지 못하고 있는 상황이다. 또한, 지방자치단체의 의지에 따라 시·군별로 문화적 여건과 접근성에 대한 격차가 존재하며 공연장, 미술관 등 제반 시설과 문화예술단체의 역량에 따라 양극화 현상이 가속화되고 있다고 보아야 할 것이다.

코로나19 이전 학교는 어려운 상황에서도 아이들에게 문화예술체험 기회를 주려고 애썼다. 공연팀이 학교로 오거나 학교 단위 체험교육으로 박물관이나 공연장, 전시관을 찾아갔다. 하지만, 코로나로 학생들의 문화예술체험 기회는 급격하게 줄어들었으며 방과후학교의 문화예술활동마저 중단되고 말았다. 이러한 현상은 곧바로 가정의 경제력에 따른 문화·정서적 격차로 이어지면서 우울감을 경험하는 학생들이 급속히 증가하는 현상으로 나타났다.[12]

---

11. 학교로 찾아가는 예술한마당(100교, 3억 3000만 원), 예술드림거점학교(12교, 1억 8000만 원), 교사예술교육 자율기획 프로젝트(교사 42명, 8400만 원), 예술공간혁신지원(14교, 8억 4000만 원), 지역교육청과 함께하는 예술교육활성화(17청, 1억 7000만 원), 1교 1예술 동아리 운영(17청, 1억 7000만 원), 악기교육지원(105교), 합창교육지원 등.

코로나로 인한 혼란은 여전하지만 일상 회복은 시작되었다. 준비한 사람에게 위기는 기회다. 학교뿐만 아니라 지역사회의 문화자원을 다시 점검하고 강원도교육청과 자치단체가 우리 아이들이 당당한 문화주체로 성장하는 방안을 새롭게 내놓아야 한다.

기존의 학교 중심으로 이루어지던 방과후 문화예술교육과 지역 내 문화예술 프로그램은 실기 능력(기능적인 측면)을 강조해 반복적인 체험에 중점을 두고 있다. 문화예술교육의 중요한 또 하나의 역할은 우리 아이들이 초보적인 문화예술 생산자가 아니라 당당하게 문화를 소비하는 안목 있는 시민 비평가로 존재하게끔 하는 것이다. 아이들은 어릴수록 존재 자체가 융합적이며, 문화예술은 단순한 기능이 아니라 그 시대의 다양한 삶의 모습을 담고 있기에 문학, 음악, 미술, 무용 등을 융합해 인간의 '시적 감성'을 흔드는 통합적·창의적 문화예술교육으로 나아가야 한다.

강릉권은 학교문화예술교육 활성화를 위해 '문화예술교육 지역협

---

12. 최근 3년 학생자살 현황. 2018년 144명(10만 명당 2.57), 2019년 140명(10만 명당 2.56), 2020년 148명(10만 명당 2.77), 2021년 6월 110명(10만 명당 4.12).

의체'를 구성하여 학교에서 필요로 하는 프로그램을 외부기관과 연결하는 역할을, 원주권은 교사 중간조직을 구성하여 학교에 적용할 외부 문화예술교육 프로그램 개발을, 춘천권은 어느 학교나 어떤 학생이나 손쉽게 즐길 수 있도록 찾아가는 예술프로그램을 전면적으로 추진하는 방안을 모색하고 있다. 특히, 강릉, 춘천, 원주 3개 도시는 정부로부터 문화도시로 지정받아 지원센터를 통해 다양한 사업을 전개하고 있다. 이러한 자원을 학교에서 활용해 문화예술교육을 더 깊고 넓게 펼쳐야 한다. 예술교육에 관심이 많은 교사나 문화예술 교과 담당교사가 중간지원조직에 소속되어 학교와 외부기관 사이의 중간자 역할을 체계적으로 수행한다면 문화예술교육은 한 차원 높은 단계로 도약할 수 있다고 생각한다.

단기적으로는 문화소외 학생들에 대한 체계적인 지원 방안을 제시하고 중·장기적으로는 모든 학생의 삶 속에 문화예술이라는 내적인 힘을 어떻게 담게 할 수 있을지 근본적인 정책을 마련해야 한다.

'아이들은 부모를 닮기보다 시대를 닮는다'는 말이 있는 것처럼 우리 아이들은 이웃처럼 자란다. 문화예술은 특별한 경험이 아니라 일상이어야 한다. 어릴 때부터 늘 보고 자란 이웃들을 빵집이나 식당, 미용실에서만 만나는 것이 아니라 공연장이나 전시회, 작업실에서도 만나야 한다. 낮에는 빵을 굽고 수요일엔 오케스트라 단원으로 활동하는 빵집 사장님, 시를 쓰는 조리사가 우리 이웃이어야 한다.

원격수업이 길어지면서 학교의 존재 이유를 교육계가 답해야 한다는 목소리가 있었다. 나는 학교의 존재 이유, 학교에 가야 하는 까닭을 아이들 스스로 찾도록 도와야 한다고 생각한다. 학생들이 방과 후에 자신들이 하고 싶은 것을 할 수 있도록 문화·예술·체육 동아리 1만 개[13]를 만들고 지원하면 어떤 일이 벌어질까 상상해 본다. 동아리마다 지역의 시민문화예술전문가를 강사로 연결하고 해마다 자신들의 활동을 전시·발표하는 자리를 만들어 주면 어떨까.

모든 아이는 특별하고 반짝반짝 빛나야 한다. 강원도 모든 학생이 차별 없이 문화활동에 참여하고 자신을 빛낼 수 있는 기회를 누려야 한다. 강원교육이 꿈꾸는 '문화민주주의'의 길, 문화예술인들이 걷고 있는 '시민문화예술가', 우리 아이들이 만들어 가는 '문화생태계'. 아름다운 합창 소리가 들려온다.

---

13. 강원도 초·중·고 학생 수 14만 9,584명.(2021. 4. 1. 기준)

교육과정 개정에 거는 기대

메르스라는 전염병과 가뭄에 이어 무더위까지. 1학기를 지나면서 지칠 대로 지친 교육현장이 '2015 개정 교육과정' 추진이라는 혼란에 빠져들었다. 교육부의 어설픈 교육과정 개정 시도가 하루가 멀다 하고 언론에 오르내리며 교육계 불신을 부채질하고 있다. 처음 교육과정 개정의 구실로 삼았던 것은 대입전형과 수능의 개선이었다. 그런데 현재 중1 학생들에 해당하는 대입 체제를 2017년에야 발표하겠다고 한다. 수능에 어떤 과목이 들어갈지, 과목별로 상대평가로 할지 절대평가로 할지도 정하지 못한 채 교육과정 개정을 밀어붙이고 있다. 학생들 입시 부담을 덜어 준다는 개정 목적은 어디로 갔는가.

지금이라도 교육과정 개정 추진을 멈추고 첫 마음으로 돌아가야 한다. 문·이과 통합과 학습량 감축 같은 아이들의 행복을 중심에 두고 앞으로 30년을 내다보는 교육과정 논의가 이어져야 한다. 이를 위해 우리 교육이 가야 할 교육과정과 교육제도를 논의하는 국가교육위원회 같은 사회적 합의기구를 만들어야 한다. 정부가 말하는 '꿈과 끼를 키우는 행복교육'이 진심이라면 '교과서 한자병기'와 '역사교과서 국정화'를 위한 시대착오적인 교육과정 개정을 멈추고 국가교육위원회 설립에 적극 나서야 할 것이다.(2015. 9.)

2015년 교육과정 개정을 앞두고 썼던 글을 다시 살펴본다. 교육과정 개정 이후 우리 교육은 얼마나 어떻게 달라졌는지 궁금하기만 하다.

'메르스'가 '코로나19'로 바뀌었다. 가뭄은 없었지만 무더위는 올해가 더 심했다. 2015 개정 교육과정의 연장선에서 2022 개정 교육과정 논의가 펼쳐지고 있다. 정부는 '학습자 주도성'과 '학생 맞춤형 교육'을 비전으로 내세우고 있지만 교육계는 '고교학점제' 찬반 논란으로 뜨겁다. 지난번 교육과정 개정이 '역사교과서 국정화' 논란으로 여론의 지지를 받지 못했다면, 이번 교육과정 개정은 '고교

학점제'가 그 역할을 대신하게 될까 염려스럽다.

'고교학점제는 대입제도를 포함해 우리 교육의 근본적인 변화를 위해 가야 할 길'이라는 주장과 '무늬만 고교학점제를 할 바에는 충분히 준비될 때까지 기다리는 게 맞다'는 의견이 팽팽하게 맞서 있다. 정부의 입장은 더 강해진 것으로 보인다. 현재 중학교 2학년이 고교에 진학하는 2023년부터 시작해 2025년에 완성하겠다고 발표해 버렸다. 퇴로를 스스로 차단하는 모양새다.

사실, 교육부의 발걸음이 꼬이기 시작한 것은 고교학점제를 염두에 두면서도 고교학점제 도입의 걸림돌인 정시 확대를 추진하면서다. 수시는 고등학교 3년의 과정을 평가하는 것이라면, 정시는 고등학교 교육과정의 성실한 이수보다 단 한 번의 시험으로 대학입학 자격을 부여하겠다는 의도다. 아직도 단 한 번의 수학능력시험으로 학생의 학력을 측정할 수 있다고 생각한다면 고등학교는 다시 '교실 붕괴'라는 수렁에 빠질 것이다.

주사위는 던져졌다. 찬반의 의견은 언제나 있었고, 앞으로도 있을 것이다. 찬반의 논란 속에서도 책임 있는 기관이라면 차근차근 준비해야 한다. 우리 강원의 학생들이 고교학점제의 물결을 타고 자신의 꿈을 당당히 이룰 수 있도록 세심하게 살펴야 한다. 예산과 인력을 충분하게 투입해 고등학교 1학년 입학 순간부터 1:1로 고교 학점제 맞춤형 진로교육을 펼쳐 보자. 그것이 학부모의 마음이며, 그렇게 하는 것이 학교와 교육청의 책임이다.

익숙함을 경계하며

비가 온다. 비다운 비가 오는 것이 한 달 만이다. 지난해에는 일찍 가뭄이 시작해 모내기에 어려움을 겪었는데, 올해는 마늘이나 감자가 한참 여물 즈음에 가물었다. 마늘 두 접을 심어 네 접을 얻었다. 동네 어른들은 양수기로 물을 주기도 하던데 그렇게까지 하지는 못했다. 감자도 캐 봐야 알겠지만, 주먹만 한 감자가 주렁주렁 달려 나오는 설렘은 생기지 않는다.

나는 올 3월부터 교원의 연수를 기획하고 운영하는 연수원에 근무하고 있다. 익숙한 5년 6개월의 도교육청 생활을 떠나 새로운 곳에서 낯선 일을 시작했다. 정식 발령은 3월 1일이었지만, 사실은 지난해 12월 중순부터 도교육청 대변인을 그만두고 파견근무로 연수원에서 숨을 쉬고 있었다.

　대변인을 그만두게 된 사정은 이렇다. 지난해 연말 어린이집 누리과정 예산편성을 두고 도교육청과 강원도 의회의 갈등이 심했다. 짐작하겠지만 강원도 의회는 새누리당 소속 의원이 압도적 다수다. 정부가 복지부 소관기관인 어린이집 예산을 도교육청이 편성하라고 하니까, 도의회가 앞장서서 도교육청을 압박했다. 더구나 교육을 소관업무로 하는 교육위원회가 교육예산을 삭감해 어린이집 지원 예산으로 편성했다. 도교육청은 수긍할 수 없었다. 당연히, 도교육청의 생각을 도민들에게 알릴 필요가 있었고 논평을 통해 교육위원들의 잘못을 지적했다.

　강삼영 도교육청 대변인은 "정부가 책임져야 할 무상보육 예산을 명분으로 유·초·중·고등학교 교육을 위해 쓰여야 할 교육예산을 삭감하는 것은 교육적 접근이 아니라 정략적인 측면이 크다"며, "강원도교육청은 학생, 학부모, 교직원들로부터 교육예산 659억 원을 소관 기관이 아닌 어린이집에 지원해도 된다는 어떠한 승낙도 받은 바가 없다"고 밝혔다.

– 연합뉴스(2015. 12. 14) 기사 내용 중

그러자 교육위원회는 대변인 사퇴와 교육감 사과를 요구하며 모든 조례와 예산 심의를 중단해 버렸다. 집행부와 의회의 갈등은 새로운 국면 전환을 요구한다. 그렇다고 도교육청이 어린이집 예산을 편성할 수도 없고, 교육위원회가 심의 일정을 다시 시작하려면 명분이 필요한 법. 그렇게 대변인 일을 그만두고 연수원에 와서 새로운 일을 시작했다.

낯선 일은 두려움과 설렘이 늘 함께한다. 공문 작성과 예산지출 계획을 포함해 연수 기획, 강사 섭외, 연수 운영 등 새로운 일을 하고 있다. 관련 절차에 따라 업무를 하면서도 복잡하고 중복되는 일이 많다는 생각을 자꾸 한다. 올해 3월 나랑 같이 발령을 받은 연구사들과 이야기를 나눠 보면 같은 고민을 하고 있지만, 어떻게 생각하느냐고 물으면 조금 당황해하면서 그동안 큰 문제 없이 해 오던 일이었다는 말을 하곤 한다. 같은 일을 되풀이하면 모든 절차를 잘 거친 것처럼 안심이 되고 대응도 쉽겠지. 하지만 세상일은 같은 듯하지만 같은 일이 없고 구성원도 늘 달라질 수밖에 없다. 익숙하다는 것이 우리를 벼랑 끝에 세울 수 있음을 알아야 하지 않을까.

지난 수요일 연수원 연구사들과 서울로 연수받으러 가는 길에

'정의로운 위안부 문제 해결을 위한 수요집회'에 1시간 남짓 참가했다. 초등학교 학생부터 일흔이 넘은 분들까지 함께했다. 자유발언에 나선 시민들은 지난해 정부가 발표한 한일합의의 문제를 조목조목 지적했다. 특히, '최종적, 불가역적'이라는 말과 법적 책임인 배상금이 아닌 위로금 10억 엔에 대한 분노가 컸다. 1236번째 집회, 20년이 넘는 세월이다. 자유발언 하는 사람들 반 이상은 나처럼 이번 집회 참여가 처음이라고 했다. 새로운 사람들이 늘 함께하니까 20년이 넘는 세월을 함께할 수 있었구나 싶다. 내가 살고 있는 동해·삼척에도 주마다 촛불을 드는 사람들이 있다. 삼척에 핵발전소를 지으려는 정부 정책을 막기 위한 것인데 이번 주가 198번째 촛불 문화제다.

오늘도 많은 일이 세상에 쏟아진다. 보육제도 변경, 가스비와 전기세 관련 뉴스처럼 시민들의 삶에 영향을 주는 일보다 연예인의 사생활 관련 뉴스가 사람들 입에 오르내린다. 세월호 참사의 진상조사를 위한 뉴스나 위안부 문제의 정의로운 해결을 위한 시민들의 노력은 사람들의 관심에서 멀어지고 있다. 국정화 역사교과서, 학부모와 지역주민들에 의한 성폭행 사건, 19살 비정규직 청년의

한스러운 죽음 등 어이없는 일들이 벌어지고 있지만 늘 그래 왔던 것처럼 뒤 사건이 앞서 일어난 일을 덮어 버리는 것 같아 안타깝다. 익숙함에만 빠지면 안 되는데 우리의 감각은 무뎌지기만 한다.

어떤 조직이든 오래 같은 일을 해 온 사람들은 능숙하게 일을 처리한다. 그러면서 동료와 소통의 필요성도 점점 줄어든다. 하지만, 조금은 두렵고 설레는 마음을 가진 사람들과 함께하면 당연한 듯 여겼던 일들이 새롭게 보이고 더 나은 방식을 찾게 된다. 그것이 무뎌진 감각을 되살리는 가장 좋은 방법이지 싶다.

"이 일은 어떻게 해야 하죠?"

"이렇게 하는 것이 맞나요?"

"왜 같은 일을 되풀이하고 있죠?"

처음 일을 맡은 사람들이 던지는 질문에 답하면서 익숙함이 새로운 변화를 막고 있었다는 것을 느낄 수 있어야 한다. '그때는 맞았지만, 지금은 틀릴 수 있다'는 생각을 해야 한다. 학교 교원들의 직원연수나 교육연수원의 연수프로그램도 익숙함에서 잠시 벗어나 경험하지 못했던 일을 시도해 봤으면 좋겠다. 한 학기가 끝나 가고 있다. 이번 학기가 끝나기 전에 나와 우리 식구, 내가 근무하는 직장에 낯선 질문 하나 던져 보기 바란다.(2016. 8.)

'공부를 잘한다'는 말은
어떤 뜻이어야 하나

9월 31일 KBS시사프로 '집중진단 강원'에 나갔다. 코로나19 이후 강원도 학생들의 학력을 주제로 하는 50분간의 토론이다. 녹화가 시작되기 전부터 대기실에서 KBS 직원들과 교육을 둘러싼 이야기를 나눴다. 그동안 여러 차례 도교육청 관계자와 함께 강원도 학생들의 학력을 주제로 이야기를 나누고 싶었는데 이제야 나왔다며 반겨 주었다.

"대한민국 학부모는 자타가 공인하는 교육전문가다. 사교육이 늘어나는 까닭은 공교육에 대한 신뢰가 낮아지고 있기 때문이다. 사교육을 반대하는 교사들도 자기 자식은 학원 보내고 특목고 보낸다."

교육계에서 30년을 지낸 내 이야기를 듣기보다 자신들이 생각하고 있는 생각을 쏟아 냈다. 보통 중산층 이상의 학부모들이 보이는 반응과 크게 다르지 않다. 학력고사 시절, 넉넉하지 않는 가정환경에서 자신의 노력으로 대학을 가고 취업을 해서 나름 일가를 이룬 사람들이 교육을 바라보는 시선이다. 크게 반박하고 싶지 않았다. 이건 교육을 둘러싼 집단 무의식이다. '그때는 그랬지만 지금은 그렇지 않다'는 말이 들어갈 틈이 없을 것 같지만 이 말은 꼭 해야 되겠다 싶어서 강조했다.

"그렇지요. 그런데 학교를 신뢰하지 못해 사교육의 힘을 빌리는 것은 이해하겠지만, 아이들도 그런 생각을 가지면 학교 공부에 충실할 수 없지요. 하루 8시간 지내야 하는 학교 공부에 집중하지 않고 학원에 가서 서너 시간 집중하는 아이하고, 학교 공부에 집중하면서 자신이 부족한 부분에 대해 사교육에 도움을 받는 아이 중에 누가 더 성취도가 높겠어요. 당연히 학교를 신뢰하는 아이입니다. 부모님들이 공교육을 신뢰하지 못한다고 하더라도 자녀들에게는 우리 부모님들이 말씀하신 것처럼 선생님 말씀 잘 듣고 학교 공부 열심히 하라고 해야 합니다."

자녀가 초등학교 다닐 때부터 해 왔던 교육방식을 이제는 정답으로 생각하는 것이 편하다. 혹시, '내가 우리 아이를 너무 몰아붙인 건 아닌가' 걱정도 들지만 모두가 그렇게 한다고 인정해야 마음이 편하다.

'학력'이라는 낱말을 글자 그대로 풀면 '배우는 힘'이다. 학습이나 훈련을 통해서 얻은 지적 적응 능력을 뜻한다고 사전은 풀이하고 있다. 하지만, 우리는 보통 '학력이 높다'고 하면 '공부를 잘한다'는 말과 같은 뜻으로 알고 있다. 그러면 다시 우리는 '공부'가 뭔지 생각해 봐야 한다. '공부'는 학문이나 기술 등을 배우고 익힌다는 뜻으로 학문과 기술을 잘 익힐 때 우리는 '공부를 잘한다'고 말할 수 있다.

그렇다면 학교에서 하는 공부는 다음 세 가지 과정으로 봐야 한다. 첫째, 수업을 잘 듣고 질문과 토론에 열심히 참여한다. 둘째, 숙제나 보고서를 창의적으로 충실하게 작성한다. 셋째, 배운 것을 실제 생활에 적용해 본다.

초등학생부터 대학원생까지 하나같이 하는 공부다. 세계적인 온라인 학교인 미네르바 스쿨에 다니는 학생이 말한 공부도 다르지 않았다. 고등학교 3년 동안 이런 공부를 잘한 학생이 대학에 가서도 공부를 잘할 수밖에 없다. 고등학생이 공부를 잘한다는 것은 앞에서 말한 세 가지를 충실하게 했다는 뜻일 것이고, 이런 학생을 대학에서 뽑는 것이 내신을 기본으로 하는 '수시전형'이다. 그런데 학교 공부는 관심이 없고 재수, 삼수해서 수능 점수만으로 학생을 선발하는 것이 옳을까. 그것이 공정한 것일까.

물론, 학교 공부를 잘하는 학생이 대입수능 시험에서도 높은 점수를 받는다면 문제가 없겠지만 그렇지 않은 경우도 부지기수다. 고등학교에 입학해서 중간고사를 보고 나서 '정시'를 준비하겠다고 한다면 그것은 어떤 뜻일까. 학교 공부는 소홀히 하고 수능 시험에 몰입한다는 뜻이다. 학교 공부가 재미있을 수가 없다. 수능점수를 올리는 데 질문, 토론, 보고서, 프로젝트는 한마디로 쓸데없는 일이다. 그렇게 고등학교 3년 동안 학교 공부를 소홀히 하고 단 한 번의 수능 점수를 잘 받아서 대학을 간 학생들이 대학 공부를 잘할 수 있을까. 고등학교 3년 동안 소홀히 했던 일, '수업 듣고 질문하고, 토론하고, 보고서 창의적으로 작성하고, 논리적인 글쓰기' 그걸 종합해서 대학 생활을 평가한다. 그것이 공부다.

'공부를 잘한다'는 말이 '시험 점수가 높은 것'에 앞서 '교육과정의 성실한 이수'와 같은 뜻이 되는 교육을 만들어 가는 것이 교육을 걱정하는 모든 사람 앞에 주어진 과제가 아닐까 싶다.

우리 아이들을 위해,
교사 – 부모 한편 되기

『기적의 아키타 공부법』이라는 책을 읽었다. 아키타는 일본의 강원도라 불릴 만큼 농산어촌이 많은 지역이다. 그런데 10여 년 전, 전국학력평가에서 대도시를 제치고 1위에 올라서 관심을 끌어모았다.

아키타 아이들은 다른 지역 아이들과 무엇이 다른가 분석해 봤더니 참으로 당연하고 평범한 것들이 대부분이었다. 첫째, 아이들이 가족과 함께 아침을 먹는 습관이 배어 있었다. 어린 시절부터 식탁에서 가족들과 많은 대화를 나누다 보니 문해력이 뛰어나고 예의범절이 바르다는 평가가 있다. 둘째, 아키타의 초등학생 중 80%, 중학생 중 65%가 "집에서 학교 수업을 복습한다"고 답했다. 전국에서 학원에 다니는 비율은 가장 낮은 편이다. 학교 수업이 중요하다고 여기며 집중을 잘하고, 가정에서 스스로 복습을 하는 습관이 잡힌 아이가 공부를 못하는 것은 좀처럼 어려운 일이다. 다른 이유도 여러 가지 제시되어 있었지만, 내 눈길을 끈 것은 이 부분이었다. 가정과 학교, 부모와 교사가 서로 존중하고 협력하는 것이 아이들의 학습 측면에서도 중요한 것이다.

어디 학습뿐일까. 학교를 다녀 보면 학부모와 적극적으로 소통하는 문화가 자리 잡은 학교일수록 학부모의 신뢰가 높고, 학교 교육과정 운영이 보다 진취적인 경우가 많다. 학부모에게 책잡힐까 소극적으로 학교를 운영하기보다 선제적으로 교육과정의 취지를 적극 설명하면 오히려 학부모가 학교의 든든한 우군이 되어 주고, 교육적으로 바람직하지 않은 민원은 학부모 공동체가 스스로 제어해 주더라는 경험담도 많이 들린다.

그렇다. 사교육 인프라가 부족한 강원도에서는 더더욱, 교사와 부모가 반드시 한편이 되어야 한다. 학교 교육의 효과를 극대화해야 한다. 다른 그 무엇을 위해서가 아닌, 우리의 소중한 아이들을 위해서 말이다.

우선 학교가 한발 앞서 노력했으면 한다. 특히 학년 초 열리는 학부모 총회와 담임교사의 학부모 상담을 아주 소중하게 잘 활용했으면 한다. 스웨덴은 학생-학부모-교사가 진지하게 상담하여, 학생 개개인의 특성에 맞는 성장 목표를 합의한다고 한다. 그리고 학기 말 성장 통지표에는 그 목표에 기반해 아이가 얼마나 성장했는지에 대한 많은 정보를 담고 후속 상담을 이어 가는 방식이다. 우리도 이런 질 높은 소통 방식을 규범으로 정착시킬 필요가 있다.

학교에서의 배움과 가정 학습의 리듬을 잘 만들기 위해서도 세심한 배려가 필요하다. 숙제가 없으면 익힐 기회가 부족하고, 과하면 가정의 부담이 된다. 아키타에서는 아이 스스로 그날 배운 내용을 조금씩 정리해 보는 가정학습 공책을 많은 교실에서 활용했다고 한다. 아이가 잘 이해하지 못했다고 하면 다시 한 번 친절히 가르치고, 좀 더 전문적인 도움이 필요하면 전문가의 도움을 연결시켜 주어야 한다. 이러한 학교의 노력이 선행된다면 학부모의 신뢰가 뒤따르게 마련이다.

학부모도 함께 노력했으면 한다. 가장 중요한 것은 평소에 아이 앞에서 선생님과 학교의 장점을 말하고, 선생님의 지도력을 신뢰하는 것이다. 가정의 분위기가 그렇게 잡히면 아이가 학교 수업에 더 적극적으로 참여하면서 스스로 복습하는 최고의 학습 구조가 만들어질 것이다.

한편, 요즘 세상의 문물이 크게 발전했지만 아이 키우기는 더 어려워졌다는 이야기가 심심찮게 들린다. 예전에는 조부모가 포함된 가족 공동체가 육아의 지혜를 나누고 일손도 분담해 줬지만, 핵가족화 이후 육아가 온전히 부모의 몫이 되면서 도무지 아이를 어떻게 키워야 할지 모르겠다는 하소연이 많다. 스마트폰 게임에 중독된 아이들은 늘어나고, 사교육 광고는 불안감을 부추긴다.

먼저 학교와 교육청은 부모 역할의 어려움에 공감하는 태도를 가져야 한다. 학부모들은 너무나 많은 잘못된 교육 정보와 각종 반칙들, 아이들의 중독 위험에 노출되어 있다. 육아가 힘들고, 자꾸 남과 비교하게 되고, 불안감을 가질 수밖에 없다.

학교와 교육청이 앞장서서 부모 교육을 강화해야 한다. 아동 발달에 따른 특성과 바람직한 훈육 방법, 가정학습 방법에 대해서 부모도 계속 공부하고, 그런 공통의 인식을 바탕으로 학부모 공동체가 학교와 협력할 수 있도록 끊임없이 노력해야 한다.

도교육청은 학부모 연수원을 만들어서 체계적인 학부모 연수 콘텐츠를 지원하려고 한다. 도교육청 연수를 이수한 학부모에게는 약간의 보상도 고민할 수 있겠다. 중요한 것은, 학교와 가정, 부모와 교사가 아이를 중심에 두고 서로 협력하는 구조를 만드는 것이다. 그러면 학교의 교육력, 아이의 학력은 자연스레 올라갈 수밖에 없다.

'말'을 하면
'길'이 열립니다

 태백에 있는 특수학교[14]에서 교장으로 일할 때 유치원(5살)부터 전공과(22살)까지 전교생이 모인 자리에서 두 가지 이야기를 했던 기억이 있다.

 "'왜, 국에다 밥 말았어. 싫단 말이야, 싫단 말이야, 이제부터 나한테 물어보고 국에 말아 줘. 꼭, 그래야 돼.'[15] 아침에 엄마가 바쁘니까 빨리 밥 먹으라고 민정이한테 물어보지도 않고 국

---

14. 2021년 3월 1일자로 학교 이름을 '태백미래학교'에서 '태백라온학교'로 바꿨다.
15. 작사 조민정(5살), 작곡 백창우, 굴렁쇠 아이들, 〈맨날맨날 우리만 자래〉. 보리 1999.

에다 밥을 말았어요. 그래서 민정이는 '국에 밥 말아 먹기 싫다고, 다음부터는 나한테 꼭 물어보라'고 말하는 거지요. 맞아요. 누구나 다 생각이 있어요. 엄마, 아빠나 선생님 마음대로, 형, 오빠 마음대로 하지 말고 '이렇게 해도 될까? 이거 써도 돼? 선생님, 손잡아도 돼요?' 이렇게 꼭 물어봐야 한다는 뜻이에요. 오늘부터는 이 노래 생각하면서 내 마음대로 하지 말고 꼭 다정하게 물어봐 주길 바랍니다."

"이 세상에 함께 살 수 없는 사람이 있다면 누굴까요. 욕을 하면 안 들으면 되고, 안 놀아 주면 혼자 놀면 됩니다. 그런데 나를 때리는 사람이 있다면 같이 살 수 있겠어요? 없지요. 그래서 누가 누구를 때리는 일이 있다면, 그리고 그런 일이 있었다고 보거나 들었다면 우리는 깜짝 놀라야 합니다. 그런 마음으로 우리가 학교생활을 한다면 폭력적인 상황이 조금이라도 줄어들지 않을까 생각합니다."

'한 아이에 두 부모'라는 말이 있다. 아버지한테 서운한 마음이 있으면 어머니한테 이르고, 어머니한테 꾸중 들으면 아버지한테 하소연할 수 있어야 한다. 특수학교도 마찬가지다. 아이들 곁에 여러 사람이 있어야 한다. 학교에서 속상한 일은 집에 가서 속 시원히 풀어놓을 수 있어야 하고, 부모한테 들은 잔소리를 선생님께 일러야 한다. 그것이 우리 아이들이 학교나 가정에서 일어나는 폭력을 막을 수 있는 구조다. 태백에 가서 학부모를 설득했던 첫 번째 일은 기숙사 생활을 하는 아이들도 주말에는 집에 보내겠다는 것이었다. 그리고 학생들 사이에 일어나는 사안이라도 책임을 지는 문화를 만들겠다고 했다. 자기 말과 행동에 책임을 지는 일은 사회생활의 기본. 기숙사에서 동생들을 괴롭힌 학생은 위원회를 열어 2주간 등교정지를 하기도 했고, 통학버스에서 학생이 위험한 행동을 했다고 꿀밤을 때린 교직원에게 문서로 '주의'를 주었고, 선생님에게 발길질을 한 학생은 교권보호위원회 안건으로 다루기도 했다.

가장 중요한 것은 서로를 바라보는 우리의 마음가짐이 아닐까? 어리다고, 장애가 있다고, 만만하게 생각하고 내 마음대로 해도 된다고 생각하면 안 된다. 같은 까닭으로 학교와 둘레에서 일어난 폭력의 상황에도 깜짝 놀라는 마음을 가져야 한다. '아이들이 그럴 수도 있지', '장애 학생들이 뭘 알고 그랬겠어' 이건 너그러움이 아니다. 그 밑바닥에 있는 것은 포기하려는 마음이다. 서로가 서로를 인격으로 대하고 작은 폭력이라도 무겁게 생각해야 한다. 다른 사람의 물건이나 몸을 함부로 만지면 안 된다는 것을 알려 주고 학교 문화로 자리 잡도록 힘써야 한다. 그렇게 되면 사안이 생기더라도 이를 보는 관점이 큰 차이가 없을 것이고 처리 과정에 누구라도 고개를 끄덕일 것이다.

이를 위해 무엇보다 먼저 문을 열어야 한다. 학교를 열고, 교장실을 열고, 교실 문을 열어야 한다. 밖에서 학교를 들여다볼 수 있어야 하고, 우리 아이들과 교사들이 어떤 공간에서 어떻게 배움을 이어 가는지 알도록 해야 한다. 문을 열어야 한다는 말은, 물리적인 문만 말하는 게 아니다. 마음의 문도 열어야 한다. 어렵거나 힘든 일이 있으면 스스럼없이 동료와 나눠야 한다. 그래야 상처가 더 커지지 않고 아물 수 있다. 같은 까닭으로 장애인이 있는 가정도 문을 열어야 한다. '육아', 부모의 힘만으로 가능한 시대가 아닌데 장애아를 둔 가정은 더 말할 나위 없다. 사회가 함께 책임지게 하려면 문을 열어야 한다.

문을 열면 솔직해질 수 있다. 가리고 감추지 않아야 어려움을 나눌 수 있고 서로를 이해하는 마음도 깊어지지 않을까 생각한다. 아울러, 시청이나 교육청에서 시민이 참여하는 장애 이해 교육을 더 적극적으로 해야 한다. 그렇게 하면 장애 학생을 위해 공간과 사람을 내어 주는 일에 동의하는 마음이 커질 수밖에 없다. 처음에는 서툴지만 용기를 내야 한다. 마음을 내어 자기 말을 해야 한다.

끝으로 졸업식에서 아이들에게 했던 이야기를 덧붙여 본다.

"여러분이 새롭게 갈 길은 즐거움과 희망이 더 많을 것입니다. 돌이켜 여러분이 처음 우리 학교에 왔을 때를 생각해 보세요. 처음에는 낯설고 두려웠지만 신나고 재미있는 일도 만나는 사람도 많아졌고 배움이 늘 함께했음을 알 수 있을 겁니다. 앞으로도 그럴 겁니다. 장애를 보는 세상의 눈빛은 더 부드러워질 것이며, 과학기술의 발전은 우리를 더 자유롭게 해 줄 것입니다. 지금 가능한 것들이 과거에는 불가능했듯이, 지금 불가능한 일들이 미래에는 가능해질 것입니다. 이러한 믿음이 용기가 되고 지혜가 되어 우리를, 우리 아이들을 새로운 길로 안내할 것입니다. 지금 우리에게 필요한 것은 걱정이 아니라 실천이며, 실천을 이끌어 낼 용기입니다. 우리 모두 용기를 냅시다. 다시 한번 졸업을 축하합니다."

미래가 오늘에게

 지난해 갑작스럽게 개학을 미루고 원격수업을 하면서 '교육이 반드시 학교 교실에서만 일어나는 것인가'라는 도전적인 물음이 심심찮게 나오고 있다. 원격수업이든 등교수업이든 모든 수업은 아이의 배움과 성장을 위한 실천이다. 상황에 맞게 장점을 살리고 단점을 보완하려는 지혜를 살려야 한다. 동시에 코로나19가 드러낸 격차와 민낯을 어떻게 줄여 나갈지도 고민해야만 한다.

 강원도교육청은 지역교육지원청 17곳과 직속기관 15곳을 일일이 찾아가서 2021학년도 업무협의를 진행했다. 협의 자리에서 나온 유·초·중·고·특수학교 교장 선생님들과 교직원의 목소리를 그대로 옮겨 본다.

❖ 자기주도학습이 가능한 학생들은 원격수업의 충격이 크지 않다.

❖ 천천히 배우는 아이들에게는 맞춤형 1:1 교육을 해야 한다.

❖ 유치원, 특수학교, 초등 1, 2학년의 원격수업은 고육지책일 뿐이 다. 철저한 방역과 등교수업만이 유일한 대안이다.

❖ 학력 격차 문제보다 공교육의 보살핌을 받지 못한 아이들의 문 화·정서적 격차에 더 관심을 기울여야 한다.

교육 격차 문제는 코로나19 이전에도 있었다. 다만 격차를 바라보 는 시각과 대응 방식이 바뀌었다. 주민들이 직접 교육감을 뽑지 않 았던 과거를 잠시 생각해 보자. 그때만 해도 학교 간, 학생 간 격차 는 당연하다고 보았다. 성적이 안 좋은 학생을 대놓고 차별했다. 1등 부터 꼴등까지 등수 적어 내걸고 학급과 학교, 지역을 성적으로 줄 세웠다. 교복은 주홍글씨처럼 아이들 마음에 상처를 주었다. 수많 은 능력 가운데 시험 점수만이 능력이라고 보았다. 성적은 학생 개 인의 게으름 탓이지 학생을 둘러싼 배경을 원인으로 보지 않았다.

그리고 10년이 지났다. 강산이 바뀐 만큼 교육을 바라보는 눈도 많이 달라졌다. 시험 점수가 결코 한 사람의 능력을 온전히 보여 주는 지표가 될 수 없음은 상식처럼 되었다. 능력도 습득 과정에서 가정의 사회·경제적 배경이 한층 의미 있게 작용하는 까닭에 한 사람의 노력에만 책임을 돌려서는 안 된다는 반성도 커졌다. 바로 이 지점에서 강원교육은 '한 아이도 포기하지 않는 교육, 각기 다양한 능력을 키워 주는 교육, 누구나 행복하게 배우면서 진로를 개척하는 교육'을 지향점으로 삼았다. 교육부뿐만 아니라 대부분 시·도교육청의 교육지표에 '경쟁' 대신 '행복'이 자리한 것은 이러한 지향과 가치가 보편이며 시대정신에 부합하기 때문일 것이다.

다시, 교육이 희망이다.

모두를 위한 교육의 성과를 인정하면서도 더 나은 미래를 바라는 목소리는 나날이 커질 것이다. 무엇보다 코로나19를 겪으면서 우리 아이들과 학부모, 교사에게 희망을 주는 교육이 더욱 절실해졌다. 인구 감소와 지역 소멸 같은 통계는 우울한 미래를 말한다. 인공지능과 빅데이터라는 새로운 도구들은 인류에게 희망이 될 것이라고 하지만 지금의 사회 틀을 더욱 완고하게 할 것이라는 전망도 넘쳐 난다.

우리 아이들과 함께 더 좋은 미래를 꿈꾸고 그 꿈을 희망으로 만들어 가려는 목소리에 귀 기울여야 한다. 흔히 미래를 살아갈 아이들은 네 가지 역량(4C)이 있어야 한다고 말한다. 창의력, 의사소통능력, 협업능력, 비판적 사고력. 얼마든지 고개 끄덕일 수 있다. 하지만 오해는 하지 말자. 정해진 시간에 어떤 수준 이상으로 이 역량들을 키우지 못했다고 '실패한 교육'이라고 함부로 말해선 안 된다. 특수학교 교장으로 일하면서 깨달은 것이 있다. 너나없이 중요하다고 말하는 네 가지 역량을 키우자면 '배움을 즐기는' 것이 전제되어야 한다. 배우기를 좋아하는 아이라면 조금 늦더라도 두려움 없이 배우고 평생을 두고 꾸준히 성장할 것이다.

내년 발표할 2022년 개정 교육과정을 위한 논의가 시작되고 있다. 가장 중요한 열쇳말이 두 가지다. '학습자 주도성'과 '학생 맞춤형 교육'. 주요업무협의에서 아이와 학부모를 날마다 만나는 교직원들이 내놓은 대안과 조금도 다르지 않다.

우리가 고민하고 힘써야 할 길은 뚜렷하다. 제아무리 세상이 달라져도 교육은 본질을 지키는 가운데 변화를 만들어 가야 한다. 현란한 정보통신 기술 적용을 말하기보다 그 어떤 재난 상황에서도 우리 아이들이 배움을 즐길 수 있도록 사회문화적 경험과 학습 지원을 어떻게 할 것인가를 생각해야 한다. 앞 단계에서 생긴 결손으로 아예 배움을 놓아 버리지 않도록 제때 디딤돌을 놓아 주어야 한다. 유아교육에서는 놀이 중심 교육과정과 유·초 연계교육으로 아이들이 공평한 출발점에 서도록 해야 한다. 초등학교 저학년에서는 읽기와 쓰기 사칙연산을 자신 있게 할 수 있도록 키워 주고, 3학년 과정에서는 영어 알파벳 24글자가 어느 자리에서 어떤 소리를 내는지 공부해야 한다. 초등 고학년과 중학교 단계에서는 학생들이 많이 어려워하는 부분(예컨대 분수)을 포기하지 않도록 지원하고, 학습코칭(학습방법에 대한 학습)도 전문적으로 지원해야 한다.

고등학교 과정은 사회로 나가는 전 단계다. 취업과 진학에 있어서 일대일 맞춤형 지원이 꼭 필요한 때다. 취업이 필요한 학생에게는 취업을, 수시로 진학하는 학생에게는 맞춤형 수시 전략을, 그리고 정시로 진학하는 학생에게는 충분한 학습 기회를 제공해야 한다. 아울러, 학생들이 직접 참여하는 문·예·체 동아리를 집중적으로 지원해야 한다. 강원의 모든 아이가 독서동아리와 예체능동아리에 가입해 자신의 꿈을 찾아가야 한다. 공룡을 좋아하는 아이가 영어와 생물학에 빠져들고, 만화를 좋아하는 아이가 일본어를 잘한다. 여행 동아리에서 여행 계획을 세우다가 만난 지리와 역사는 흥미로울 수밖에 없다. 아이들이 즐겁게 배울 수 있도록 돕고, 부족한 것은 맞춤형으로 고민하되, 무언가를 일률적으로 주입하거나 압박해서 미래역량을 키운다는 고전적 관념에서 이제는 벗어날 때도 되었다.

'아이들의 이름은 오늘'이라는 말이 있다. 배움을 즐기고 자신이 좋아하는 일을 찾아가는 아이들이 불확실한 '미래'를 행복한 '오늘'로 만들 것이다. 그러자면 어른으로서 우리는 배움이 즐거운 행복한 오늘을 만들어 가기 위해 놓치지 말아야 할 본질이 무엇인지, 그렇게 할 준비가 되어 있는지, 발목 잡고 길을 가로막는 게 무엇인지를 물어야 한다.

2022년
대선 후보에게 바란다

　내년 3월에 치러지는 대선의 주요 정당 후보들이 확정되었다. 대한민국 정치 공동체와 한반도 민족 공동체, 더 나아가 이 지구를 잠시 빌려준 뭇 생명의 미래 세대에게 밝은 비전을 보여 주는 정책 경쟁이 이루어지길 바란다.

　쓴소리도 안 할 수 없다. 대선 정국에 교육 정책이 실종됐다는 이야기가 들린다. 물밑에서 여러 준비가 진행되고 있을 것으로 믿지만, 교육 분야는 어떤 정책을 내놓더라도 의견이 갈리는 분야라서 후보들이 몸을 사린다는 냉소도 적지 않다. 좀 더 깊은 관심과 진심 어린 분발을 바란다.

　시도교육감협의회는 올 초부터 〈중장기 교육의제 발굴 정책위원회)를 꾸리고, 대선 후보들에게 다양한 정책 의제를 제안했다. ▲학급당 학생 수 20명 이하 법제화 ▲유아·고교 의무교육 확대 ▲가정에서 마을까지의 교육안전망 강화(온종일 돌봄 확대 등) ▲대입제도 개선(국공립대학 평준화, 수능 전과목 절대평가) ▲교원 양성 및 임용 제도 개선 ▲수평적 리더십 강화를 위한 승진 제도 개선 ▲만 16세 교육감 선거권 확대 등 20가지 의제가 담겼다.

모두 중요한 문제들이다. 우리나라는 교육과정과 예산, 법령 등 많은 권한이 교육부에 쏠려 있는 중앙집권형 체제다. 중앙정부 차원에서 풀지 않으면 지역 수준에서 문제를 풀어 나가기 아주 힘든 구조다. 특히 당장은 교원 정원 문제가 심각하다. 학생 수가 줄어든다는 이유로 정부에서 교원 정원을 매년 감축하다 보니, 지역에서는 여러 학교를 오가는 겸임교사가 늘어나고 있다. 교사도 힘들지만, 학생 또한 수업 끝나고 궁금한 점을 선생님께 물어보기도 힘들다. 정원 책정 권한을 시·도교육청에 이양하거나, 정원 책정 시 작은학교가 많은 지역 상황을 충분히 고려해야 한다.

이에 더해 좀 더 근본적인 문제 해결을 대선 후보들에게 요구하고 싶다. 사회 전반적으로 공정에 대한 목소리가 어느 때보다 커졌다. 그 밑바탕에서 '두려움'이라는 감정을 느낀다. 어린이와 청소년들에게 실패해도 괜찮다고, 최선을 다했으니 충분하다고, 아직 너의 미래는 밝다고 말하는 어른이 드물다. 학부모와 학생들은 못 배우고 못 가진 사람이 존엄을 지키기 어렵다고 직감적으로 느낀다. 세상의 변화가 거세서 앞날을 예측할 수 없는 만큼, 지금 당장 눈앞의 공정에 더욱 매달린다.

이럴수록 학교 교육은 점점 더 힘들어진다. 고등학교에서 60점을 받은 학생에게 교사는 충분히 피드백하고, 다시 시험을 볼 수 있는 기회를 주고 싶어도 그럴 수 없다. 공정하지 않으니까. 자신이 가르친 내용을 바탕으로 논술 시험을 통해 학생의 폭넓은 사고를 이끌어 내고 싶지만 이내 움츠러든다. 공정하지 않다고 공격받을까 봐.

한국의 대학생 81%는 고등학교 시절을 '사활을 건 전장'으로 인식하고 있다는 조사 결과가 있다. 참고로 일본은 13.8%, 중국은 41.8%, 미국은 40.4%였다.[16] 우리는 존엄과 모욕을 가르는 전쟁터에서 두려움에 떠는 아이들을 길러 내고 있다. 교실에서 안전과 사

---

16. 김희삼, 「4개국 대학생들의 가치관에 대한 조사」, 한국개발연구원·광주과학기술원, 2017.

랑이라는 감정을 바탕으로 저마다 작은 성공을 누적하고 도전의식
을 키워 가야 할 아이들이, 친구보다 조금 더 안전해지려는 경쟁에
만 몰입하고 있다.

　대선 후보들에게 한마디로 이렇게 요구하고 싶다. "국민의 존엄
을 지켜 달라. 특성화고 현장실습생의 죽음을 더 이상 목도하지 않
게 하라. 지역 대학에 다닌다고 '지잡대'라는 모멸에 시달리지 않도
록 고등교육에 과감히 투자하라. 청년이 수도권에 아파트를 사 두

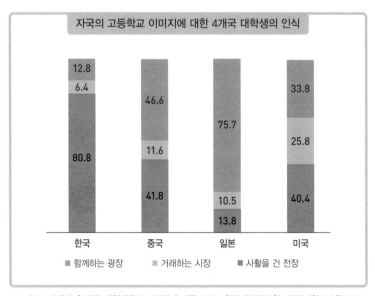

자료 : 김희삼, 「4개국 대학생들의 가치관에 대한 조사」, 한국개발연구원 · 광주과학기술원, 2017.

지 않았다는 이유로 '벼락거지'라고 느끼지 않게 하라. 아이 낳는 것을 축복으로 여기게 하라."

실은 이것이 기본이다. 국민들의 마음속에서 '두려움'이라는 감정을 없앨 수만 있다면, 우리 공동체가 나의 존엄을 지켜 준다는 믿음을 청년들에게 준다면, 청소년들이 인생을 가슴 떨리는 탐험이라고 느낄 수만 있다면, 아이들은 지금보다 훨씬 더 좋은 교육을 누릴 수 있으리라 믿는다.

3부

만나서 얘기합시다

여기 실린 대담은 2021년 6~10월에 진행된 인터뷰를
정리한 것으로, 읽기 좋게 내용을 편집했습니다.

생태적 전환,
슬기로운 지구생활을 위하여

- 최재천 이화여대 석좌교수, 생명다양성재단 대표를 만나다

스웨덴의 기후운동가 그레타 툰베리[17]는 UN과 스웨덴 의회 앞에서 기후변화의 심각성을 목소리 높여 외쳤다. 그럼에도 불구하고 기후변화의 심각성은 점점 더해지고 있다. 이화여대 최재천 교수를 만나 기후변화와 생명 다양성에 관한 이야기를 나눴다.

강 * 교수님이 쓰신 『호모 심비우스』[18]란 책을 처음 봤을 때 '아, 이건 새로운 개념이다'라고 생각했어요. 사피엔스가 아닌 심비우

스. 읽으면서 많이 감동했고, 지금도 메모해 놓은 것들을 가끔 인용하곤 합니다. 교육감님도 강연 가시면 심비우스에 관한 이야기를 곁들이시는 걸 많이 봤습니다. 먼저 가벼운 질문부터 드리겠습니다. 고향이 강릉이신 걸로 알고 있는데요. 고향 이야기 잠깐 해 주세요.

최 * 저는 강릉에서 태어난 것을 자랑스럽게 얘기하거든요. "고향이 강릉입니다." 말씀드리면 인상 찌푸리는 사람을 본 적이 없어요. 사람들이 다 "좋은 곳에서 태어나셨다"고 얘기해요. 제가 자랑을 많이 하니까 저의 아버지가 언제 그런 말씀을 하시더라고요. 네가 강릉에서 오래 산 것도 아닌데 그렇게 자랑하고 다니냐고. 사실 학교는 대개 다 서울에서 다녔어요. 그런데도 제가 이렇게 당당하게 "강릉 출신입니다"라고 얘기할 수 있는 건 옛날에는 방학이 제법 길었잖아요. 저는 고등학교 3학년 방학 때 빼고는 거의 빠짐없이 방학 전부를 꼴딱 강릉에서

---

18. 호모 심비우스는 다른 생물들과 공존하기를 열망하고 지구촌 모든 사람과 함께 평화롭게 살기를 원하는 인간들이다. 이 책은 다윈의 이론을 역사적·이론적으로 재검토하면서 21세기의 새로운 인간상으로 호모 심비우스(공생인)의 모델을 제안한다.

보냈어요. 옛날에는 여름-겨울방학을 합치면 1년에 석 달 반 정도가 방학이었으니까 1년의 1/4을 강릉에서 지내고 나머지 시간은 서울에서 보내고 그랬습니다. 저희 어머니가 저보고 간사한 놈이라고 하신 적이 있는데요. 제가 강릉 가면 강릉 말씨 쓰고, 서울에 돌아오면 서울말을 쓴다고요. 저는 어려서 강릉을 떠나긴 했지만, 한 번도 떠난 적이 없는 것 같아요. 늘 꿈꾸고 그러고 삽니다.

강 * 그런 인연이 있어서 그런지 모르겠지만 지금 강릉의 운산분교에서 〈생명다양성교실〉을 운영하고 있으신데요. 아이들과 만나서 주로 어떤 이야기를 하시는지요?

최 * 학생 수가 적은 학교를 돕는 일이 없을까? 하다가 어떻게 그 일이 발전되어 강릉지역의 몇몇 학교를 둘러보게 됐어요. 운산분교는 그중에서 제가 선택한 학교입니다. 너무나 고맙게도 강원도교육청에서 작은 건물도 하나 지어 주고 그랬죠. 아이들과 함께 생명의 소중함을 체험하면서 배울 수 있는 그런 프로그램을 운영하는데요. 한 달에 한 번씩 가서 제가 아이들과 함께 시간을 보냅니다. 사실 저는 대학 수업시간에도 별로 안 가르칩니다. 일방적으로 한쪽에서 가르치고 한쪽에서 받아 적고 하는 그런 교육을 저는 별로 좋아하지 않아서요. 학교 옆에 묵정논[19]이 하나 있는데요. 그 논에 가서 같이 놀고 야산에 올라가서 곤충 보고 식물을 보고 그래요.

'배우는 줄 몰랐는데 배웠더라.' 저는 그게 가장 좋은 배움이라고 생각하거든요. 아이들과 그런 걸 합니다. 특별한 에피소드는 아닌데, 저를 돕자고 매번 같이 다니시는 분들이 있거든요. 한 번 하고는 나가떨어지는 거예요. 그 아이들의 에너지를 감당 못하는 거예요. 쉽지 않아요. 하여간 아이들이 입을 안 다물거든요. 힘들긴 해도 재미있어요.

강 * 아이들과 함께 다니시면 아이들이 교수님께 "이건 뭐예요?" "저건 뭐예요?" 이렇게 질문을 막 던질 것 같은 느낌인데요?

최 * 아이들이요. 질문만 던지는 게 아니고요. 전혀 상관없는 얘기도 하거든요. 별의별 이야기가 다 튀어나오니까 그거 다 받아주다 보면 우리가 뭘 해야 하는지 엉뚱한 길로 가고 있어요. 그래서 가끔은 "그 이야기도 좋은데 우리 이 이야기 좀 할

---

19. 오래 내버려 두어 거칠어진 논.

까?" 이렇게 끌고 와야 하고. 아무튼 재미있어요.

강 * 저도 집이 동해 망상이거든요. 망상해수욕장 근처고 해서 겨우내 말랐던 논에 모를 심으려고 물을 대기 시작하면 그 논에 언제 그런 생명이 있었는지 온갖 생명이 하나의 생태계를 만드는 걸 보면서 참 신기하다는 생각을 합니다. 물의 힘이 진짜 대단하다는 것도 느끼고요.

최 * 물이 나타날 때까지 기다리고 있는 생명들이 있는 거죠.

강 * 교수님이 하고 계신 생명다양성재단 활동도 마른 논도랑에 물 대는 것 같은 느낌일 것 같아요.

최 * 아, 좋은 말씀이시네요. 생명다양성재단은 2013년에 처음 시작했어요. 제인 구달[20] 박사님께 "선생님, 저랑 재단을 하나 만들면 제가 운영을 해 보겠다"고 했더니 좋다고 하시더라고요. 구달 선생님이 전 세계적으로 하는 환경운동이 있는데요. 제가 우리말로 '뿌리와 새싹'이라고 번역해서 하고 있어요. 지

---

20. 제인 모리스 구달(Dame Jane Morris Goodall)은 영국의 동물학자이며 환경운동가이다. 탄자니아에서 40년 넘게 침팬지와 생활하며 침팬지의 행동 연구 분야에 대한 세계 최고 권위자가 됐다. 그의 가장 중요한 발견 중 하나는 침팬지가 도구를 사용하는 사실을 밝혀낸 것이다.

금 세계 100여 개 나라에 퍼져 있고, 우리나라에서도 수십
개 단체가 그 일을 하고 있습니다. 그냥 두 명 이상만 모이면
됩니다. 두 명 이상만 모여서 환경을 위해서, 동물을 위해서,
우리 지역을 위해서 어떤 일이든 하기만 하면 됩니다. 그래서
굉장히 쉽게 시작할 수 있는 그런 운동이고요. 일단 시작하면
세계 각국에 있는 다른 단체들과 네트워크를 형성할 수 있어
서 좋아요.

강 ∗ 재단이 생명다양성재단이다 보니까 아무래도 기업체의 후원
을 받기도 쉽지 않을 것 같다는 생각이 듭니다.

최 ∗ 기업들이 돈 버는 일에만 몰두하는 건 아니잖아요. 사회에 기
여하고 싶은 마음을 갖고 있는 기업들이 참 많은데, 그런 기업
마다 재단이 다 있어요. 그래서 그 재단과 같이 일하자는 제
안은 받는데, 우리 재단을 흔쾌히 후원하는 일은 쉽지가 않
더라고요. 그러니까 힘들어요.

강 ∗ 요즘 기후위기에 대해 관심 갖고, 행동의 변화를 말씀하시는
분들이 많습니다. 그런데 저도 일상생활을 하다 보면 나도 모
르게 자꾸 플라스틱 그릇에다 물을 마시고 있어요. '아, 내가
왜 또 이러지. 습관을 바꿔야 하는데'라고 생각하면서도 쉽게

바꾸지 못하는 것 같아요. 어떻게 하면 사람들이 이런 문제에 대해 심각성을 느끼고 행동에 변화를 가져올 수 있을까요?

최 * 지금도 이상기후 현상이 세계 각처에서 벌어지고 있어요. 우리나라도 작년 여름에 장마를 50일 이상 겪었잖아요. 역대 최장 장마였는데 우리는 금방 잊어버리죠. 캐나다 밴쿠버에 살다 온 제 친구의 말이 밴쿠버에는 집마다 에어컨이 없답니다. 에어컨이 필요가 없는 동네라는데 이번 여름에는 40℃가 넘었어요. 이런 일들이 지금 전 세계에서 벌어지고 있는데, 막상 당할 때는 "야! 이거 심각한데?" 그래 놓고 좀 괜찮아지면 언제 그랬냐는 듯이 자꾸 잊어버려요.

근데 사실 정말 심각하거든요. 어느 순간 임계점을 넘어 버리면 그때는 정말 걷잡을 수 없는 일이 벌어지는 겁니다. 저는 가끔 이런 비유를 하는데요. 연못이 있는데 그 연못에서 사는 어떤 동물이 이분열로 증가를 한다고 칩시다. 그러니까 한 마리가 두 마리가 되고 두 마리가 네 마리가 되고… 근데 어느 날 조금 비좁아지는 걸 느껴서 동물들이 모여 회의를 시작합니다. '야, 이거 문제가 심각해지는 것 같다. 이러다가는 우리 다 죽는 거 아니냐?'

그럴 때 저 같은 동물은 거기서 심각하다고 얘기하겠죠. 그런데 옆에 있는 다른 동물은 뭐라고 하냐면, 아니 아직 절반이 비어 있는데 저놈들은 괜히 이상한 분위기를 만든다고 그래요. 근데 1분에 한 번씩 분열한다고 치면요. 절반이 넘었다는 건 운명의 순간을 맞기 1분 전이라는 얘기예요.

근데 그때도 그들은 모여 앉아서 '아직 이만큼이나 남았는데?', '무슨 좋은 기술이 나오면 다 해결해 주겠지.' 뭐 이런 얘기를 그 순간에도 하고 있다는 거죠. 어쩌면 지금 우리가 그러고 있는 건지도 모릅니다. 『사피엔스』를 쓴 유발 하라리 교수는 우리 인류에게 남은 시간을 300~400년이라고 했는데, 저는 이번 세기 안에 무슨 일이 벌어져도 눈 하나 깜짝 안 할 거예요. 지금 우리가 저지르고 있는 일들, 그리고 벌어지고 있는 일들을 보고 있으면요, 그게 정말 현실이 될 것 같아 저도 두렵습니다.

이번 세기면 아직도 70~80년 가까이 남은 상황이잖아요. 2021년이니까. 앞으로 70년 이내에 무슨 일이 벌어질지 저는 장담 못 하겠습니다. 그 정도로 굉장히 심각합니다. 물론 아무 일도 없을 수도 있겠죠. 별일 없이 갈 수도 있는데 엄청나게 큰일이 일어날 수도 있겠다는 그 걱정을 저는 떨칠 수가 없습니다.

강 * 환경문제에 관한 얘기를 들을 때 많은 분이 '내 생애에는 안 오겠지' 이런 마음을 갖는 것 같아요. 그런데 지금 다섯 살 먹은 아이도 내 생애인 거잖아요. 나이를 적당히 드신 분들이 '내 생애에는 안 오겠지' 이렇게 말씀하시는 것도 무책임한 이야기라는 생각이 듭니다. 이제 우리에게 선택의 순간이 남은 것 같아요. 어느 길로 갈 것인지 정해야 하는데 환경을 더 생각하고 생명 다양성을 지키는 선택을 해야 하지 않나? 이런 생각을 해 봅니다.

최 * 저도 그렇게 생각합니다.

강 * '자연은 순수를 혐오한다.' 어느 학자의 말을 교수님이 이렇게 번역하셨던데요. 생명의 다양성을 유지하는 게 생태계에서 중요하다는 말씀이신 것 같아요.

최 * 맞습니다. 제가 그동안 관찰한 자연은요. 가만히 있지 않고, 끊임없이 다양화합니다. 그야말로 한 종 내에서도 계속 새로운 모습에, 새로운 이형질의 개체들이 막 나타나고 그것들끼리 또 짝짓기를 하면 더 새로운 유전자 조합이 태어나요. 지금 코로나바이러스도 열심히 변하고 있잖아요. 이렇게 계속 변하고 다양해지는 게 자연인데, 그 속에서 자꾸 다양성을 줄이는 방향으로 살아가는 게 우리 인간이에요. 도대체 어떻게 하면 좋을까요?

꿀벌이 사라지고 있거든요. 전 세계적으로 꿀벌의 약 40% 정도가 사라졌습니다. 일설에 의하면 아인슈타인이 그런 말을 했다고 해요. '꿀벌이 사라지면 4년 안에 인류가 멸종한다.' 진짜 아인슈타인이 이런 말을 했다면 정말 기가 막힌 발언인데요. 꿀벌들이 우리가 먹는 농작물의 수분授粉을 80% 정도 감당하고 있거든요. 꿀벌이 사라지면 그냥 농작물 대란이 벌어진다는 거죠. 우리가 먹고 있는 것의 80%가 사라진다고 생각하면 돼요. 그럴 때 과연 인류가 제대로 살아남을 수 있을까요? 불가능한 얘기겠죠. 그런 꿀벌이 정말 무서운 속도로 지금 없어지고 있거든요.

전 세계적으로 기르는 꿀벌은 '에이피스 멜리피카(Apis mellifica)'라는 종류고요. 우리가 지금 토종벌이라고 생각하고 기르는 건 동남아시아 종입니다. 원래 꿀벌 멜리피카는 아프리카에서 온 종이고요. '에이피스 세라나(Apis cerana)'라는 동남아시아 종을 우리가 토종벌이라고 기르고 있는데, 토종벌은 지난 몇 년 사이에 거의 90%가 사라졌습니다. 그러니까 이게 심각해도 보통 심각한 상황이 아닙니다. 꿀벌이 만약 사라진다, 근데 우리는 농사를 지어야 한다고 하면 우리나라 모든 사람들이 붓 들고 나가서 꽃가루를 옮겨 주는 국민운동이라도 해야 해요. 아니면 작은 벌 로봇을 개발해서, 로봇을 풀어서 옮기게 하든가.

이런 일들이 실제로 지금 우리 앞에서 엄청나게 빠른 속도로 일어나고 있거든요. 그런데 우리는 별일 없겠지? 이러고 그냥 살다가 정말 그런 일이 어느 날 탁! 하고 벌어지면 감당하지 못할 어마어마한 재앙이 벌어질 거예요. 그게 전 참 안타까워요. 그런 날이 오지 않았으면 하는 바람이죠.

강 * 농경 이전과 이후를 비교하신 것도 마음에 참 와닿았거든요. 그 부분에 대해서도 설명 부탁드립니다.

최 * 너무너무 극적이죠. 불과 만여 년 전에, 우리가 농경하기 전에는 우리 숫자가 얼마 안 됐다는 거예요. 농경하면서 곡물을 갈고, 그걸로 이유식을 할 수 있게 되면서 엄마들이 일찍 젖을 떼니까 또 임신이 가능해서 우리 숫자가 폭발적으로 늘어난 거거든요. 저희가 계산을 해 보니까 그 시기의 우리 인간과 우리가 기르던 동물들의 무게가 전체 야생동물 포유류, 조류의 무게에 1%가 안 됐어요.

그런데 이게 불과 만 년이 지나면서, 만 년이면 지구의 역사에서 진짜 눈 깜짝할 사이인데, 지금은 우리와 우리가 기르는 가축이 거의 99%나 됩니다. 1%였다가 만 년 만에 99%가 된 거예요. 만약 만 년 전에 외계의 어떤 생물학자가 지구에 와서 지구의 동물들을 관찰하고 갔는데 지금 와서 다시 본다면 놀라 자빠질 거예요. 호모 사피엔스가 얼마나 성공했으면 그 짧은 시간에 지구를 완전히 다 뒤집어 놓았어요. 너무 성공해서 고민이 큰 동물입니다.

강 ★ 지금 우리가 겪고 있는 팬데믹도 기후위기, 생명 다양성과 연관이 많을 것 같아요. '화학 백신, 행동 백신 다음으로 세 번째는 생태 백신이다'라는 말씀도 하셨는데 생태 백신은 어떤 건가요?

최 * 새로운 개념은 아니고요. 예전에 많은 분이 얘기하던 '자연을 보호합시다' 이런 얘기를 제가 그냥 각색한 거라고 보시면 됩니다. 자연을 보호하자고 하는 게 결국은 우리를 보호하는 일이거든요. 그 많은 분들이 그렇게 열심히 목이 터져라 설명할 때는 안 듣고 있다가 이런 재앙을 겪고, 온갖 게 불편하니까 사람들이 이제야 관심을 가져요. 제가 생태 백신이라고 부르는 순간 이제는, 이제는 정말 동참하셔야 합니다. 왜냐하면 백신은 저는 맞았는데 옆집이 안 맞으면 아무도 마스크를 못 벗거든요. 적어도 국민의 70~80%가 같이 맞아야 이른바 집단면역이라는 걸 생각해 볼 수 있는 거니까요. 전 국민의 80%가 자연을 보호하기 시작한다면 앞으로 이런 일이 안 벌어질 것 같아요.

그런데 그렇게 안 하면 앞으로 자꾸 멀어질 수밖에 없습니다. 이게 역사가 증명하거든요. 그냥 두 세기만 비교해 보시면 돼요. 지난 20세기에는 1918년 스페인독감이 있었고요. 1968년에 홍콩 독감이 있었고, 그 중간 앞뒤로 콜레라, 황열병 이런 게 몇 번 있었는데 저희가 한 번 따져 보니까 한 20여 년 터울로 큰 유행병이 터졌더라고요. 이게 21세기로 들어오면서 판도가 거짓말처럼 변했어요.

2002~3년 사스(SARS) 터지면서 사스, 메르스, 에볼라, 지카 바이러스, 신종플루, 돼지독감, 조류독감, 콜레라 뭐 별의별 게 다 터졌잖아요. 지금은 2~3년 주기예요. 그러니까 지난 세기에는 20~30년에 한 번씩 터지던 게 이번 세기에 들어와서 2~3년에 한 번씩 터진다는 거예요.

더 큰 문제는 앞으로 주기가 점점 빨라져서 거의 매년 이런 일이 터질 수도 있겠다는 겁니다. 이러고 살 수는 없잖아요. 우리가 뭔가를 해야 하는데, 그 뭔가를 하는 시발점이 자연을 존중하고 자연을 소중하게 보전해 주는 일이에요. 그게 결국은 우리가 사는 일이고요. 그걸 빨리 깨달아야 한다는 차원에서 제가 백신의 개념을 도입해서 말했던 게 바로 생태 백신입니다. 모두가 같이 접종합시다.

강 * 요즘엔 탄소 중립과 성장, 기술 발달이 기업을 판단하는 중요한 기준이 된 것 같아요. ESG[21]라고 하나요?

최 * 물론 이런 얘기가 옛날에 없었던 건 아닙니다. ESG 개념을 가지고 세계적인 환경단체와 조직에서 무척 많은 노력을 했는데, 참 돈이 무섭긴 무섭네요. 세계적인 투자 회사들이 ESG를 들고 나오니까 판도가 하루아침에 확 변하네요.

우리나라의 대기업들도 가장 큰 주주가 세계적인 투자 회사들이거든요. 그들이 돈을 빼면 살아남을 기업이 없답니다. 그런데 정말 놀랍게도 '앞으로는 ESG가 투자의 가장 중요한 이슈'라는 걸 그들이 선언하는 순간 굉장히 달라졌어요. 환경, 사회, 그리고 지배구조의 투명성. 이 세 가지를 반드시 앞으로는 검토하겠다, 그리고 투자를 하겠다고 하니까 우리나라의 기업들이 이제는 변하지 않을 수가 없는 거예요. 저는 이게 굉장히 고무적이라고 생각해요. 제가 국제기구의 수장 역할을 2년 정도 해 봤는데요. 참 힘들더라고요. 국제기구에서 합의를 본다는 게, 그 세계 각국의 이해관계가 첨예하게 다 얽혀 있는데 여기서 합의를 도출한다는 게 무지무지 어려운 일이라는

---

21. 환경(Environment), 사회(Social), 지배구조(Governance)의 약칭으로 기업의 비재무적 성과를 판단하는 기준이다. ESG는 기업이나 비즈니스에 대한 투자의 지속가능성과 사회에 미치는 영향을 측정하는 세 가지 핵심 요소이다. ESG는 지속 가능 경영 성과를 비교 측정하고 평가할 수 있는 공동의 지표이며, 기업 간 비교를 통해 사회적으로 책임 있는 투자가 이루어질 수 있도록 활용된다.

걸 절감했어요.

　그래도 어떻게 합니까? 우리가 가진 유일한 희망이 UN을 포함한 이런 국제기구일 수밖에 없잖아요. 거기 모여서 싸우고 다투더라도 같이 가자고 뭔가 논의해야 하는 거고요. 국가가 변화해야 하는 거죠. 우리가 말하는 2050 탄소 중립.[22] 사실 이거 쉬운 거 아니거든요. 그래도 변해야 하는 상황이 오니까 할 수밖에 없는 거죠. 조직 면으로 볼 때 가장 막강한 조직이 기업이잖아요. 변화에 가장 민감하고 변화하기 시작하면 가장 잘할…. 돈이 걸려 있는 문제니까요.

　그럼 이제 하나 남았어요. 개인만 바뀌면 돼요. 국제사회가 열심히 하고 있고, 국가도 과감하게 발을 내디뎠고, 드디어 기업이 변하기 시작했어요. 이제 개인 한 사람 한 사람, 저와 여러분이 변하면 되는 겁니다. 저는 그래서 늘 이런 얘기를 하는데요. '진실은 아주 불편하지만, 우리가 헤쳐 나가는 길은 우

22. 탄소 중립이란 탄소의 순 배출량을 '0'으로 만든다는 의미다. 2020년 10월. 문재인 대통령은 2050년까지 이러한 탄소 과소비 사회와 이별한다는 의미의 '2050 탄소 중립'을 선언했다. 탄소의 순 배출량이 '0'이 된다는 의미는 탄소의 배출량과 흡수·제거량이 같아지는 상태를 의미한다.

리의 삶을 조금만 불편하게 한다.' 그게 무슨 얘기냐 하면요. 자연인의 삶을 살아라 이런 뜻이 전혀 아니고요. 저는 10년 넘게 직장에 걸어 다니거든요. 왕복 7km 정도 됩니다. 결코 짧은 거리가 아닌데 걷는 덕에 그래도 이 나이에 꼬부라진 곳도 없이 평생 이 정도의 몸매로 살고 있어요. 지금 60대인데 제 생애에 제일 튼튼한 다리로 길을 가고 있습니다. 고등학생, 대학생 시절보다 지금 다리가 훨씬 튼튼해요. 걸으면서 지구랑 얘기도 합니다. "지구야. 너도 내 덕에 조금 건강해지고 있지?" 이런 농담을 하는데 저는 분명히 걸은 덕에 저도 건강해지고 지구도 건강해진다고 생각합니다.

그리고 제 가방에 언제나 접을 수 있는 장바구니를 갖고 다니고요. 가능하면 차 안 몰고 대중교통을 이용해요. 이런 것들은 작은 일이지만 생활은 조금 불편하죠. 비 오는 날은 좀 더 불편하고. 근데 조금의 불편함만 감수하면 저도 훨씬 건강해지고 지구도 건강해진다는 거죠. 저는 이제 우리 모두가 적어도 그 정도의 불편함은 감수해야 할 때가 왔다고 생각합니다.

강 ✳ 교육계에서 하는 생태교육이라는 것이 쓰레기 분리수거나 플라스틱 컵 안 쓰기, 이런 정도의 운동에 머무른다는 느낌이 들어서 좀 더 구조적인 변화가 있었으면 좋겠다는 생각을 합니다. 대한민국 헌법 제1조 1항 '대한민국은 민주공화국이다.' 이런 것처럼 모두의 가슴에 새길 수 있는, 좀 더 강한, 우리 모두가 지금 느낄 수 있는 구조적인 변화를 위한 고민을 하고 있으시다면 말씀해 주세요.

최 ＊ 질문해 주셔서 정말 고마워요. 제가 요즘 가장 역점을 두고 있는 게, 우리나라 헌법 제1조가 1항과 2항으로 되어 있잖아요. 3항에 문구를 하나 넣고 싶어서 지금 몇 분과 열심히 운동하고 있습니다. '대한민국은 기후 및 생물다양성 위기에 대응하고 깨끗한 환경을 후손에게 물려줄 의무를 지닌다.' 이런 문구를 만들어 달라고 해서 제가 만들었는데요. 이렇게 헌법을 개정한다면 우리 국민 중에 이를 거부할 사람이 과연 얼마나 있을까 싶습니다. 물론 무척 어려운 일이지만, 정말 그 일을 한 번 이뤄 보려고 지금 백방으로 뛰어다니고 있습니다.

　사실은 프랑스가 시동을 걸었는데요. 프랑스보다 우리가 먼저 했으면 좋겠다는 생각이 들어요. 이번에 코로나를 겪으면서 세계의 많은 석학들이 대한민국의 리더십, 국제 리더십에 대해서 기대감을 많이 표출했잖아요. 어쩌면 이제는 강대국이 세상을 이끌어 가는 게 아니라, 정말 문화적으로 그리고 감동을 줄 수 있는 나라들이 앞으로 세상을 이끌어 갈지도 모른다고 생각합니다. 그중에 가장 대표되는 곳이 우리 대한민국이라 생각하고요. 이를 시발점으로 대한민국이 국가 헌법에 아예 이런 문제를 거론하고 세계를 이끌어 간다면, 분명 굉장히 많은 게 변할 수 있다고 생각합니다. 상상만 해도 굉장히 뿌듯한데요. 꼭 해 보고 싶습니다. 참여해 주세요.

강 * 이제 마무리할 시점이 돼 가는 것 같은데, 저도 단독 주택에 살거든요. 제가 지은 것은 아니고 다른 분이 지은 집에 제가 들어갔는데, 어느 날 집에 개미가 나오는 거예요. '남의 집에다 개미가 집을 지었네?' 이렇게 말을 하고 돌아서 가만히 생각해 보니까 개미집 위에다가 제가 집을 지은 거더라고요. 제가 개미집을 침범해 놓고 왜 내 집에다가 개미가 집을 지었냐? 이렇게 생각한 거죠. '아, 인간이라서 자기 생각만 하는구나!' 이런 생각을 했습니다.

최 * 상당한 깨달음을 얻으셨습니다. (웃음)

강 ∗ 끝으로 강원도에서 생태교육을 위해 이것만은 꼭 해 줬으면
좋겠다 하는 부분이 있으면 말씀해 주세요.

최 ∗ 제가 책에 사인을 할 때 쓰는 문구가 하나 있거든요. '알면 사
랑한다.' 평생을 연구자로 살아오면서 제 나름대로 결론처럼
얻은 표현이에요. 우리가 서로 잘 모르면 미워하고 해치고 질
투하고 이런 일을 하는데, 충분히 알고 나면 그렇게 하기 힘
들잖아요. 좋은 예인지는 모르겠는데 불행하게도 아이들은
가끔 친구를 따돌리고 괴롭히는데, 내가 너무 잘 아는 아이
를 친구들이 왕따시키면 내 마음은 굉장히 불편해져요. 이런
이유로 충분히 우리가 알기 시작하면 그 상대를 미워할 수가
없다는 거죠.

그래서 저는 어떤 구호보다 생물을 많이 알게 하는 게 중요
하다고 생각합니다. 사랑하게 되면 그들을 해치는 일을 할 수
없게 되거든요. 생태 환경교육을 한다고 해서 갑자기 뭐를 하
지 말고, 뭐를 하자고 하면 아이들이 과연 얼마나 감동하고
그 일에 동참할까요?

그런 것에 저는 조금 회의적이거든요. 그것보다는 아이들로
하여금 나를 둘러싸고 있는 환경, 그리고 자연이라는 게 도대

체 어떤 존재인지를 알게 해 주는 교육이 더 중요하다고 보고, 그런 교육부터 시작해야 하지 않나 생각합니다. 불행하게도 지금 우리 아이들은 자연과 너무 떨어져서 크고 있어요. 우리가 어렸을 땐 못살았지만, 주변에서 자연을 접할 기회가 있었는데 지금은 그럴 기회가 너무 없잖아요. 그런 기회를 아이들에게 더욱 많이 제공하는 것부터 출발하고 한 단계 한 단계 차근차근 나아갔으면 좋겠어요.

요즘 청소년기후행동에서는 '그레타는 할 수 없다'는 캠페인을 벌이고 있다. 그레타 툰베리 혼자서는 할 수 없다는 뜻이다. 어른으로서 미안한 마음과 기후위기에 맞서는 청소년들의 모습에서 희망이 교차한다. 인류의 존재를 위협하는 기후위기를 우리는 슬기롭게 전환할 수 있을까? 교육은 어떤 역할을 해야 할까? '손잡지 않고 살아남은 생명은 없다'라는 최재천 교수님의 책 제목처럼 우리는 연대하고 변화해야 한다. 희망으로 나아가야 한다.

서울대 붙고도
미네르바 스쿨로 간 이유

- 임지엽 미네르바 스쿨 재학생을 만나다

로마인들은 그리스의 여신 아테네를 자신들의 신으로 받아들이고, 다른 민족의 우수함을 흡수하여 자신의 것으로 만드는 것을 미덕이라고 생각했다. 교육은 많은 지식을 배우는 데에 있는 것이 아니라 로마인처럼 여러 지식을 습득하고 융합하여 자신들의 지혜로 만드는 것이 아닐까.

최근 미래교육의 새로운 지평을 열고 있는 학교가 있다. 바로 미네르바 스쿨[23]이다. 암기나 단순 지식을 추구하는 것이 아니라 미래

---

23. 미네르바 스쿨(Minerva School): 미국의 벤처투자자 벤 넬슨(Ben Nelson)이 KGI(미국 대학 연합체)의 인가를 받아 2010년 설립한 대학교.

역량의 지혜를 키우는 학교다. 미네르바 스쿨에 재학 중인 임지엽 학생(2학년, 경영경제 전공)을 만나 이야기를 나눴다.

강 * 반갑습니다. 2학년이면 99년생인가요? 2000년생인가요?

임 * 다양하게 있는데 전 99년생입니다.

강 * 궁금한 것이 많은데 미네르바 스쿨이 어떤 학교인지 간단하게 설명 부탁드립니다.

임 * 일단 미네르바 스쿨은 7개국을 돌아다니면서 공부를 하는 학교고요. 그 7개국 여행을 위해 '포럼'이라고 불리는 온라인 플랫폼에서 공부를 진행하는 학교입니다.

강 * 7개국 중에 우리나라도 속해 있나요?

임 * 네. 서울 해방촌에 기숙사가 하나 있어요.

강 * 기숙사에 있으면서 그 지역 관련 공부도 하고, 또 온라인으로 강의 듣고 이런 시스템으로 운영되나 보죠?

임 * 네, 수업은 온라인으로 와이파이만 있으면 카페에서도 들을 수 있고 편의점에서도 들을 수 있어요. 체육관이나 다른 부대시설을 이용할 때는 그래도 각 도시에 있는 시설들을 이용하는 편입니다.

강 ∗ 들어 보니까 미네르바 스쿨이 기존 학교와는 많이 다른, 기숙사만 있는 학교 그리고 어찌 보면 7개 도시 모두가 캠퍼스가 되는 그런 느낌인데요. 학교 다니면서 어려웠던 점이 있었다면 어떤 것일까요?

임 ∗ 일단 미네르바 스쿨은 특히 1학년 생활이 엄청 힘든 것 같아요. 왜냐하면 이게 쉽게 표현하면, 갑자기 어른이 되어야 하는 기분이라고 보시면 될 것 같은데요. 예를 들면, 저는 고등학교 때까지 기숙사에서 조식과 중식이 나왔는데, 미네르바는 학식이라는 개념이 없어요.

요리해서 먹어야 하는데, 1학년 기숙사 같은 경우 180명이 다 같이 쓰는 공용 주방이기 때문에 점심시간에 내려가면 요리할 자리가 없어요. 그래서 저는 요리하는 게 너무 힘들어서 일주일 동안 똑같은 냉동 크림파스타만 먹고 그랬거든요. 그런 부분들이 조금 어려웠던 것 같아요.

또 영어가 아직 좀 불안정한 부분이 있어 수업 들을 때도 '한국어로 하면 진짜 잘했을 것 같은데 영어로 하니까 좀 많이 못하는 것 같다' 이런 생각이 들었어요.

강 * 그러면 그 학교는 그렇게 어려움을 겪는 학생들을 위해 코칭해 주는 시스템도 있나요?

임 * 생활전담팀이 있어요. 학생들의 멘탈을 케어하는 팀이라고 보시면 되는데, 우울증 있는 친구들은 우울증 관련 상담도 해줘요. 심지어 제 친구 한 명은 남자친구랑 헤어지고 힘들어서 상담 받으러 간 적도 있어요. 그런 사소한 것까지도 케어를 해 주는 팀들이 있습니다.

강 * 사회에 내던져졌다고 하지만 사실은 뒤에서 돌봐 주고 상담해 주시는 분들이 늘 가까이에 있는, 신뢰가 있는 학교네요.

임 * 그렇죠. 어른이 되어야 하지만, 어른이 바로 되는 게 무서우니까 뒤에서 조금 서포트 해 줄 수 있는 팀들이 있는 거죠.

강 * 제가 듣기로는 임지엽 학생이 서울대를 합격하고도 이 학교를 선택했다고 하던데, 무슨 이유가 있을까요?

임 ＊ 사실은 고등학교 다닐 때도 어떤 학교를 꼭 가겠다는 생각은
별로 없었어요. 미네르바 스쿨을 지원하겠다는 마음을 먹고
선생님께 말씀드렸더니 우스갯소리로 이런 말씀을 하셨어요.
"서울대랑 미네르바 붙으면 어디 갈래?"

저는 "당연히 미네르바죠. 무슨 말씀을 하시는 거예요?" 이
렇게 답했는데, 사실 이런 말 뒤에는 많은 고민이 있었어요. 일
단은 제가 꾸려 나가는 제 삶이니까 어떤 학교가 나에게 더
많은 기회를 줄 수 있는가를 제일 많이 고민했어요. 근데 그
당시 저는 서울대를 비롯한 국내 명문대에 가서 내가 할 수
있는 게 뭘까를 고민했을 때 진로가 조금 제한적이더라고요.

저는 특히 사회학과를 쓰고 싶었는데 로스쿨 사회과학대학
원 아니면 행정고시 이런 류의 좁은 진로밖에 생각이 안 나
고. '한 번 사는 인생 재미있게 살아야 되지 않나'라는 생각을
하면서 미네르바를 봤는데 이 학교가 줄 수 있는 기회가 생각
보다 많은 거예요. 일단 미네르바는 전공을 정하지 않고 들어
가는 학교라 자유롭다는 점도 좋았어요.

강 * 친구들은 우리나라 대학에 갔을 텐데, 친구들이 말하는 대학 얘기를 들으면서 미네르바 스쿨과 어떤 차이를 느꼈나요?

임 * 학교마다 다르고 친구, 교수님마다 다를 수 있는데요. 서울대에 다니는 친구와 함께 일을 할 기회가 있었는데, 그 친구가 수업을 듣고 있는 거예요. 서울대 수업이니까 청강을 좀 해봐야겠다 싶어서 "아이팟 줘 봐" 하고 이어폰 끼고 수업을 듣는데 수업이 너무 지루한 거예요.

　그게 왜 지루하다고 느꼈냐면 저는 미리 수업 준비를 하고 수업시간에는 계속 참여하는 시스템에 익숙해져 있는데, 이 친구의 수업은 2~3시간 계속 교수님만 얘기하시는 거예요. 사실 3시간 동안 한 사람이 얘기하는 것을 계속 집중해서 듣기가 어렵잖아요.

강 * 미네르바 스쿨은 교수들의 수업이 강의 중심은 아닌 거군요. 그게 교수님에 따라 좀 다르거나 이러진 않나요? 아니면 어떤 규칙이 있나요?

임 * 사실 새로운 교수님이랑 한 4~5년 된 교수님이랑 되게 다르세요. 수업을 진행하는 게. 근데 그 격차를 줄이기 위해서 미네르바를 만들 때 수업을 구조화해 놨어요. 90분 수업을 어떻게 운용할지. 어찌 보면 약간 목차 같은 걸 정해 준 거죠. '첫 10분은 이걸 하고, 5분은 이걸 하고, 수업에는 1, 2 토론을 하세요' 처럼요.

마지막에는 5분 동안 학생들이 설문서를 작성할 시간을 줘요. 이런 식으로 하면 교수님이 왔다 갔다 안 하셔도 되잖아요. 정해진 틀에서 자유롭게 교수님 역량을 펼치실 수 있도록 만들어진 구조예요.

강 ✳ 교수님이 5분에서 10분 정도 개념이나 주제를 설명하고, 나머지 시간에 강의를 안 하시면 어떻게 수업이 이루어진다고 봐야 하나요?

임 ✳ 교수님이 새로운 이론을 가르쳐 주시지 않아요. 강의가 거의 없다고 보면 되고, 저희가 수업시간 전에 이미 공부를 하고 수업에 참여하는 형태니까 이미 친구들이 일정 정도의 수업에 필요한 역량은 다 갖추고 들어와요. 수업시간에는 보통 액티비티가 두 개 정도 있어요.

첫 번째 활동에는 교수님이 새로운 주제를 던져 주면 읽었던 리딩들을 바탕으로 '해결방안 만들어 오기', '찬-반 표 만들어 오기' 이런 식의 활동을 하고요. 첫 번째 활동이 끝나면 교수님이랑 다 같이 아고라 같은 광장에 모여 토론을 해요. 너희 팀에서는 무슨 얘기가 나왔니? 이런 것을 공유하고. 이런 식으로 스스로 공부해 왔던 내용들을 나누는, 깊이를 더해 가는 시간이라고 보시면 돼요.

강 ＊ 토론을 주고받다 보면 교수님이나 동료들이 곤란한 질문이나 내가 잘 모르는 내용을 질문해서 당황한 경험이 있을 것 같은데요?

임 ＊ 엄청 많아요. 특히 1학년 때는 임기응변도 안 되니까 더더욱 그랬는데요. 딴짓하고 있는데 교수님이 절 일부러 부르신 거예요. "지엽 학생 이야기해 봐." "사실 잘 못 들었습니다." 이랬던 적도 있어요. 그리고 친구들이 되게 날카로운 질문을 할 때가 있어요. 그러면 옛날에는 "잘 모르겠어요"라고 얘기했는데 요즘은 "내가 지금 머리가 좀 하얘서 생각이 안 나는데 좀 더 생각해 보고 나중에 이야기하겠습니다"라고 하면 교수님부터 기다려 주세요.

강 ＊ 저도 그런 수업 장면에 들어가고 싶은 생각이 듭니다. 혹시 지금 우리나라 초·중·고 선생님들에게 바람이 있다면 뭔가요? 시사점을 줄 수 있을 것 같은데요.

임 ＊ 두 가지 정도로 정리가 될 것 같아요. 일단 기다려 주는 선생님이 많으면 좋겠어요. 뭔가 질문을 받았을 때 "모르겠습니다" 하더라도 기다려 줄 수 있는 환경이요. 세계에 나가 보면 한국 사람들이 질문을 잘 못한대요. 질문하기 두려운 거죠. 이 질문이 부족해 보일까 봐, 내가 한 대답이 틀렸을까 봐 무서워서 말을 잘 못한대요. 그런데 그게 아마도 어렸을 때부터 받아 온, 기다려 주지 않는 교육 때문인 것 같아요. 선생님이 질문을 던졌는데 순간 당황할 수도 있고 잘 모르는 내용일 수도 있잖아요. 그런 것을 "너 대답 못했어. 다음!" 이런 거 말고 "그럼 너는 생각하고 있어. 이 친구 얘기 듣고 덧붙여서 이야기해 볼래?"라고 얘기하면 부담이 덜하잖아요. 그런 기다려 주는 모습들이 좀 중요한 것 같아요.

　두 번째로는 선생님들이 좋은 질문을 많이 던져 주셨으면 좋겠어요. 단순히 교과과정에 관한 좋은 질문들이 아니라 왜 그렇게 생각했는지, 다른 친구들은 어떻게 생각하는지 들어

볼 수 있는 질문들이요. 그리고 왜 공부를 해야 하는지, 이걸 어떻게 적용할 수 있을지를 확장해 나가는 질문들을 많이 던져 주셨으면 좋겠어요.

강 * 내가 모르는 것, 내가 궁금해하는 것을 물을 때 진짜 질문이 되는데, 우리나라 학교에서는 정답이 있는 내용을 저 학생이 아는지 모르는지 물으려고 하는 질문들이 많은 것 같아요. 이제는 선생님들이 학생들의 배움을 확장시킬 수 있는, 그런 진지한 질문을 던져야 하지 않나? 이런 생각을 해 봅니다.

　제가 어떤 책을 보니까 '미래사회는 불확실하다. 그리고 그걸 인정해야 한다. 불확실성을 인정해야지 지금 우리가 무엇을 할 수 있을지를 알 수 있다' 이렇게 말하더라고요. 저는 이걸 보면서 약간 모순되는 느낌이 들었어요. '불확실한데 뭘 준비하라는 거지?'라는 생각도 들고.

임 * 저는 불확실하기 때문에 뭔가를 준비하기가 좋다고 생각해요. 이건 고등학교 때부터 생각했던 건데 불확실하기 때문에 제 진로가 언제든지 바뀔 수 있잖아요. 직업이 사라질 수 있고, 뭔가 제가 하는 직무가 달라질 수 있고요. 그래서 일단 여러 가지를 해 보는 거예요. 이것도 해 보고 저것도 해 보고. 그러면 점들이 막 여러 개 생기잖아요. 이걸 나중에 어떤 직무에서 요구한 대로 연결만 하면 그게 결국 학생부종합전형이고, 사회생활이더라고요. 그래서 오히려 아무것도 모르기 때문에 내가 재미있어 하는 것, 잘할 수 있는 것들을 먼저 여러 개 해 봐야 해요. 나중에 뭔가 요구됐을 때 부족한 건 채우면 되고요.

강 ＊ 말씀 들어 보니까 젊은이들의 특징, 특권 같은 게 느껴지네요. 실패할 기회가 있다는 거죠. 그 무엇을 하고 실패했더라도 그것이 다시 바탕이 되어 또 한 걸음 나아갈 수 있다면 미래사회가 불확실하다고 해서 지금 할 수 있는 일이 아무것도 없다 생각하면 안 될 것 같아요. 그런 의미에서 지금 우리 모두가 학습자라는 생각이 들어요. 젊었을 때 못하던 것을 나이 들어서 하시는 분들이 많아요. 그림 배우러 다니시는 분들도 있고, 악기 배우러 다니는 분들도 있고, 어떤 분들은 난을 치러 다니신단 말이에요. 제가 보기에 무엇을 배운다는 건 참 즐거운 일인데 어릴 때는 배움으로부터 도망가거나 회피해요. 지금 임지엽 학생이 보는 미래에 걸맞는 학습자상은 어떨지 궁금해요. 제가 보기에는 배움을 즐기는 분으로 보여요. 이런 마음을 40대, 50대까지 계속 가져가려면 어떻게 해야 할까요?

임 * 배움을 즐긴다는 말에 공감을 많이 해요. 배움이 즐거우면 계속 배우게 되잖아요. 이거 배우면 저것도 하고 싶고. 그러다 보면 결국 막 다하게 된단 말이에요. 그런데 배우는 게 즐겁지 않은 사람들도 있는 것 같아요. 제가 봤을 때는 배우는 것 자체가 즐겁지 않다기보다는 배워야 하는 것이 즐겁지 않은 것 같아요. 뭔가를 하기 위해서 하기 싫은 것도 좀 참아 내고 배워야 하는데 그런 것들을 견뎌 내는 힘이 좀 필요하지 않나 하는 생각을 해 봅니다.

특히 요즘같이 빨리 바뀌는 시대에는 하나를 배워서 그걸로 평생 살 수 있는 세대가 아니잖아요. 이것저것 시도해 보는, 조금 유연한 사고가 중요할 것 같아요.

강 * 싫은 공부를 견딜 만한 힘은 어디서 올까요? 예를 들어 수학을 싫어하지만 그런데도 공부를 하게 되는, 그런 긍정적인 생각은 어디서 올까요? 혹시 이런 경험이 있나요?

임 * 저도 수학을 되게 힘들어했어요. 고등학교 때도 수학을 못해서 굉장히 힘들었는데 그런 수학이 저한테도 재미있었던 시기가 있어요. 수학 선생님이 정말 좋았어요. 가르쳐 주시는 선생님이 너무 차근차근 설명해 주시는 거예요. 그래서 이 선생님 수업을 듣다 보니까 자연스럽게 수학 성적이 올랐고, 잘하게 되니까 욕심이 나는 거예요. 그런 욕심이 학생 때는 큰 동기였던 것 같아요. 또 잘하는 건 좋아지잖아요.

그리고 어른이 되고 나서는 뭔가 배워야 할 이유를 찾았을 때 그런 걸 견딜 수 있었어요. 예를 들어서 저는 수학을 싫어했으니까 지금도 통계학 이런 게 힘든데 제가 하고 싶은 직군이 있어요. 데이터를 분석해서 그걸 바탕으로 마케팅을 하는 데이터 마케터가 되고 싶은데 그걸 하려면 당연히 통계를 잘해야 해요. 이 일은 하고 싶은데 거기서 요구하는 핵심 역량이 부족하면 하기 싫은 공부도 견뎌 낼 수 있는 힘이 생기는 것 같아요.

강 * 자기가 하고 싶은 꿈, 그것을 이루기 위해서는 힘든 과정이 분명히 있고 거기에 대해서는 긍정적인 생각을 하게 된다 이렇게 이해를 했습니다. 미래사회 얘기를 우리가 하고 있지만, 미네르바 스쿨도 기술의 발전과 함께 찾아온 학교의 유형이 아닌가 싶어요. 미네르바 스쿨이 지금 대표적인 해외 교육혁신 사례로 꼽히고 있다고 하는데요, 이런 형태의 학교가 우리 미래교육의 대안이 될 수 있을까요?

임 * 미래교육의 대안이라기보다는 좋은 예시인 것 같아요. 미네르바 스쿨은 시사점이 많은 학교예요. 교육철학도 그렇고 특히 교육의 본질인 좋은 배움에 있어서요. 그리고 적용할 수 있는 배움을 강조한 학교인 만큼 계속 변화하고 있고요. 언제 어디서 수업을 듣는 게 별로 중요하지 않단 말이에요. 그런 것들을 가능하게 한다는 점에서 미래교육의 좋은 선례가 아닐까 싶어요.

교수님 앞에 앉아서 필기해야 되는 그런 시대는 이미 지났다고 생각하거든요. 여러 기술을 잘 활용할 수 있다는 점에서 미래교육이 그런 부분들을 빨리 배워 나갔으면 좋겠어요.

강 * 미네르바 스쿨의 교육과정이 궁금한데요. 장점도 있을 것 같고,

또 나름 개선해야 할 부분이 있다 생각하실 수도 있을 것 같은데, 미네르바 스쿨 교육과정의 가장 큰 장점은 무엇인가요?

임 ∗ 미네르바의 장점은 제 학교라 너무 많긴 한데요. 일단은 7개 국을 돌아다닐 수 있는 커리큘럼이 제일 중요한 요소라고 생각해요. 왜냐하면 한 곳에 머물러서 뭔가를 배우는 것과 여러 나라와 여러 문화적 맥락을 이해해 가면서 배움을 시기적절하게 적용해 보는 것은 되게 다른 시야를 제공하거든요.

두 번째로는 교수학습법인 것 같아요. 교수님이 정말 세세한 피드백을 준다는 것. 그러니까 피드백이야 다들 주실 수 있는데 어떤 피드백이냐면요. 한국 버전으로 얘기하면, 수행평가 100점 중에 제 에세이가 78점을 받았다고 예를 들어 볼게요. 보통 78점 받고 성적표에 78점 찍히고 끝나잖아요. 저는 이유를 모르죠. 왜 78점인지. 그런데 미네르바 교수님들은 정말 세세하게 설명해 주세요. 네가 학습목표의 1번은 정말 잘해서 10점을 줬고, 어떤 것은 좀 부족하니까 이러이러한 논문도 찾아보고 이런 걸 더 공부해서 채워 넣으면 4점을 받을 수 있는데, 이번에는 3점이야. 이런 식으로 피드백을 엄청 세세하게 적어 주세요. 근데 그런 걸 바탕으로 전 다음에 좀 더 성장한 글을 쓸 수 있고, 좀 더 깊이 있는 사고를 할 수 있는 계기가 돼요.

강 * 지금 말씀하시는 게 우리 교육의 가장 큰 약점일 수 있어요. 학생들의 성취를 그냥 점수로 나타내거나 상·중·하로 나타내거나 이런 부분인데, 이제 우리 교육에서도 서술형으로 평가해 주려고 노력하는 지점이 있지만 아직도 체계화되거나 시스템화되지 못한 아쉬움이 있어요. 그래서 좀 부러운 생각도 들고.

그런 걸 가능하게 하는 것은 교수진의 열정일까요? 우리 같은 경우에는 '학생 수가 너무 많다' 이런 얘기도 하고, '대학입시라는 거대한 장벽 때문에 어렵다' 이런 평가도 있거든요. 근데 혹시 고등학교를 다니면서 거기에 대한 고민이 있었는지, 그리고 우리나라 교육현실에서는 정말 그런 피드백이 불가능하다고 보시는지 아니면 가능한 지점이 있다고 보시는지 잠깐 언급해 주시고 넘어갔으면 좋겠네요.

임 * 저는 피드백이 가능하다고 생각해요. 물론 초기에 도입할 때는 모든 것들이 그렇듯이 아마 큰 반발이 있을 것 같은 게 피드백을 정성평가로 하잖아요. 선생님들이 점수에 대한 이유를 적어 주신단 말이죠. 정성평가에 절대평가를 한다고 하면 점수가 낮게 나온 학생들은 이의를 제기하고 학부모 항의 전화 오고 난리가 난단 말이죠.

이럴 때 선생님들이 자세하게 왜 5점 중에 4점이 나왔는지, 이건 왜 3점인지, 어떻게 하면 더 나은 점수를 받을 수 있는지를 적어 주면 그리고 한 번의 에세이로 모든 성적이 다 평가되는 게 아니라 피드백을 바탕으로 두 번째 에세이를 썼을 때 더 좋은 성적이 나올 수 있는 구조를 만들면 이의제기도 좀 줄어들 거예요. 그렇게 되면 정성평가나 절대평가에 대한 불신이 줄어들지 않을까 생각해요.

강 ✳ 미네르바 스쿨 하면 사실 다들 좀 생소한 학교라서 특별한 아이들만 가는 학교인가 이렇게 생각할 수도 있을 것 같고, 소수의 아이들만 갈 수 있는 학교라는 오해가 있을 것 같아요.

임 ✳ 맞아요. 미네르바가 사람들에게 대안학교로 인식되면서 '미네르바는 모든 학생을 포용할 수 있어야 돼' 이런 프레임이 있는 것 같아요. 그런데 저는 개인적으로는 모든 학생을 포용해야 하는 대학은 없다고 생각해요. 대학마다 잘 맞는 인재가 있고

각 대학이 요구하는 인재상이 있다고 생각을 하거든요. 그래서 미네르바가 절대 모두를 위한 대학이 될 순 없고, 또 그럴 필요도 없다고 생각해요.

하지만 미네르바가 주는 중요한 시사점은 기존의 대학들은 대개 경제적 요건, 그리고 학생이 가지고 온 역량 이외의 것들을 평가요소에 많이 반영했단 말이죠. 예를 들면 SAT나 TOEFL 같은 것들은 가정환경이 안정되어 있으면 성적이 필연적으로 좀 더 잘 나올 수밖에 없는 시험들이에요. 연습을 많이 할수록, 교육을 일찍 받았을수록 성적이 잘 나오니까요. 그런 부분들을 좀 배제했다는 점. 그리고 학비 부담을 미국 대학교에 비해서 1/3로 줄였다는 점. 그리고 그 줄인 학비도 누군가에겐 부담이 될 수도 있잖아요. 그런 것들을 조금 보충해 주기 위해서 성적장학금제도를 없애고 재정장학금만 만들어서 학생의 성적과는 무관하게, 학생의 능력 이외의 조건과는 무관하게 재정상태 자체로만 장학금을 받을 수 있다는 점에서 의미가 있지 않나 생각해요.

강 * 미국에 있는 유수의 대학보다는 등록금이 훨씬 싸군요. 이런 학교가 우리나라에도 생기면 어떨까 싶은데 어떻게 보세요?

임 ＊ 그런 움직임들이 근래 많은 것 같아요. 미네르바형 학교로 만들겠다는 뉴스도 많이 본 것 같고 좋은 움직임이라고 생각해요. 그런데 미네르바의 온라인 교육만 따 오지 말고 미네르바가 가지고 있는 교육의 본질적인 커리큘럼, 학생들을 서포트하는 배움에 대한 본질적인 것들을 놓치지 않는다면 합리적인 학비가 가능하다고 생각해요. 사실 학교에서 스포츠팀 운영하고 체육관 맘대로 쓰게 할 필요는 없잖아요. 사설기관에서 하고 있는 일들이니까. 정말 필수적인 엑기스만 모아 놓은 학교들이 늘어나면 좋을 것 같아요.

강 ＊ 지금 학교를 다니면서 학교에서 배운 지식을 어떻게 활용하고 있으신지 소개해 줬으면 좋겠어요.

임 ＊ 학교에서 각 도시를 갈 때마다 시빅 프로젝트[24]라고 해서 도시에 있는 기업들과 학생들을 연결해서 같이 프로젝트를 진

---

24. 시빅 프로젝트(Civic Project) : 1학년 전교생이 필수적으로 참여해야 한다. 그 결과물은 과제 중 가장 중요도가 높은 만큼 미네르바 스쿨 1학년 생활의 핵심이다.

행하고요. 인턴십은 아니지만 배웠던 걸 실무에 적용할 수 있는 경험들이 학기 중에 있어요.

저 같은 경우는 학기 중에도 인턴을 하고 있는데 독특하게 저는 계속 스타트업에서 일을 하게 되더라고요. 스타트업에서 일을 하다 보면, 스타트업이 빠르게 변화하는 생태니까 계속 필요역량이 바뀌어요. 프로젝트마다. 그런 지점에서 학교에서 배웠던 것을 제대로 사용해 볼 수 있다는 점이 되게 신나는 것 같아요.

강 * 지금 말씀하신, 다닌 회사가 스타트업이라고 하셨는데 스타트업을 시작과 성장 이렇게 해석해도 되나요?

임 * 그렇죠. 스타트업이 시작, 성장하는 느낌 이렇게 말할 수 있을 것 같네요.

강 * 그런 의미에서 미래세대인 우리 아이들이 시작과 성장을 이루려면 가장 필요한 것이 무엇이라고 보시는지요? 우리 후배들한테 한마디 해 주셨으면 좋겠는데요.

임 * 후배들한테 하고 싶은 말도 있고요. 사회한테 하고 싶은 말도 있는데, 일단 사회한테 먼저 던지고 싶었던 메시지는 시작을 하려면 이 시작이 너무 아프지 말아야 한다는 거예요. 뭔가 새로운 시도를 했을 때 실패할 수도 있잖아요. 창업했는데 잘 안 되고, 공부했는데 안 맞아서 진로가 틀 수도 있어요. 근데 그렇게 뭔가 변화를 시도했을 때, 새로운 걸 도전했을 때 너무 아픈 것 같아요. 아프다는 말은 결국 비용이 많이 들거나 시간이 많이 들거나 아니면 지탄해 왔다는 거잖아요. 그런 부분들이 완충될 수 있는, 뭔가 놀이터의 모래 같은 완충재가 늘어났으면 좋겠어요. 실패해도 괜찮을 수 있는 사회적 안전망들이요. 그럼 아마 조금 더 많은 스티브 잡스, 조금 더 많은 빌 게이츠가 나올 수 있지 않을까 생각합니다.

후배들한테 던지고 싶은 메시지는 남들이 갔던 길을 답습하지 않으려고 노력했으면 좋겠다는 거예요. 개인적으로 후배들한테 많이 하는 말이에요. 남들이 다 이 학교에 갔으니까 나도 여기 가야 하고, 이 학과에 가서 이거 했으니 나도 그거 해야 하고. '왜 다르게는 못 할까. 남들이 안 하는 거 하면 큰일 나니?' 이런 얘기를 되게 많이 해요. 그래서 진짜 하고 싶은 게 있으면 남들이 설령 한 번도 가 보지 않았던 길이라도 해 보라고 해요. 저도 미네르바라는 외국대학을 학교에서 처음 가는 사례였거든요. 좀 무섭긴 하죠. 무섭고 두려운데, 그럼에도 불구하고 조금 도전해 보는 그런 용기가 있었으면 좋겠어요.

이야기를 나누면서 다시 한번 확인한 사실은 미네르바 스쿨이 미래교육의 대안으로 부각된 이유는 첨단 디지털 교육 때문이 아니었다. 다문화 맥락 속에서 함께 머리를 맞대고 배우고 익히며, 미래의 불확실성을 이겨 낼 수 있는 '살아갈 힘'을 키우는 데 충실했기 때문이다. 이것이 바로 교육의 본질 아닐까? 신화 속 지혜의 여신 미네르바처럼 '오래된 미래'에서 미래교육을 상상해 본다.

채용이 바뀐다. 교육이 바뀐다

— 송인수 (재)교육의봄 공동대표를 만나다

교육계에는 우리를 지배하는 무의식이 있다. 대학 서열화와 학벌이 대표적이다. 고교평준화 시행으로 강원도에는 고등학교에 대한 서열화는 약해졌지만 '인서울'이라는 말이 있듯이 대학에 대한 서열은 여전하다. 하지만 최근 몇 년간 기업의 채용은 학벌보다는 역량 중심으로 바뀌고 있다고 한다. 이를 중심으로 교육 방향도 바뀌고 있다. 학교 교육이 먼저인지 기업이 먼저인지 모르지만, 인재를 보는 관점이 바뀌고 있는 것만은 확실한 것 같다. 재단법인 '교육의봄' 송인수 대표를 만나 이에 대한 이야기를 나누었다.

강 ＊ 최근 기업의 블라인드 채용은 정부의 정책 때문인가요? 아니면 기업의 자발적인 선택인가요?

송 ＊ 지금 기업체들을 중심으로 블라인드 채용이 채용에서 굉장히 중요한 특징이라고 이야기를 하는데요. 면접 중심 채용, 수시 채용, 블라인드 채용, AI 채용 이런 서너 가지 특징들이 최근 채용의 트렌드입니다. 그중에서 블라인드 채용은 학벌과 학점을 보지 않고 채용하는 방식인데 현재로서는 400개 공기업을 중심으로 진행되고 있어요. 적격자를 찾는 데 있어서 '학벌과 대학의 학점이 반드시 필수 요소는 아니다, 오히려 편견 요소로 작용할 수 있다' 이런 생각들 때문에 그렇게 정책을 집행한 것으로 알고 있습니다.

그리고 민간기업도 은행권과 언론사를 중심으로 블라인드 채용이 확산되는 추세에요. 특히 카카오 같은 IT 기업에서도 정부의 특별한 정책적인 요구가 없음에도 불구하고 유능한 사람을 뽑기 위해서 블라인드 채용을 하고 있어요. 블라인드 채용이 모든 기업에서 적용되지는 않을 테지만, 상당한 정도의 지분을 가지고 계속 유지될 거라고 판단합니다.

학벌의 효능에 대해 본격적인 연구나 조사가 좀 더 필요하지만, 저희가 조사를 한 바에 의하면 과거에는 학벌이 채용에서 절대적인 위치를 차지하고 있었지만 지금은 절대성이 많이 완화됐다고 볼 수 있어요. 학벌을 전혀 보지 않는 것은 아니지만 다른 직무능력이 뛰어나면 학벌을 참고하는 정도로요. 그리고 다른 능력이 뛰어나면 학벌을 보지 않고도 또는 학벌이 약해도 얼마든지 채용할 수 있는 이런 흐름으로 바뀌고 있어요.

강 * 기업이 사람을 채용하는 데 있어서 학벌과 성적의 절대성은 완화되고 직무능력이 더욱 중요한 방향으로 가고 있는 것. 좋은 사람을 뽑기 위한 기업의 생존전략이군요. 기획재정부는 공기업에서 직원을 채용할 때 35% 정도 지역 출신을 뽑아야 한다는 가이드라인도 제시한 것으로 알고 있는데요.

송 * 지역인재 할당제는 트랙이 따로 있어서 해당 지역의 인재들이 지원하면 그 안에서 자체 경쟁을 통해서 뽑아요. 공기업이 블라인드 채용과 지역인재 할당제를 모두 적용하면, 지역에 매우 긍정적인 메시지를 줄 수 있고, 지역인재의 유출 현상도 어느 정도 막을 수 있다고 봅니다. 지역경제가 활성화되는 계기가 될 수도 있고요.

강 ✱ 사실 지역에 있는 아이들은 서울에 있는 학교에 가면 수업료만 문제가 아니라 생활비도 수업료만큼 들잖아요. 지역의 대학을 졸업하고도 지역에서 잘 살 수 있는 문화가 만들어졌으면 좋겠다는 생각이 듭니다.

송 ✱ 또 다른 흐름 중 하나가 AI 채용이에요. 이제는 기업에서 유능한 인재를 판단할 때 그 기준을 '지식이 좋거나 해당 분야의 기능이 뛰어난 사람'으로만 보는 것이 아니라 '그 지식과 기술을 가지고 회사에서 정말 열심히 일을 할 수 있는 태도를 지닌 사람'으로 보고 있어요. 문제는 그런 태도를 가지고 있는 사람인지를 필기시험을 통해서는 확인할 수 없고, 면접으로도 충분하지 않다는 거예요. 공기업은 면접시간이 1인당 평균 3.8분이거든요. 민간기업은 12분이고요. 기존의 방법 가지고는 안 되니 어떤 방법을 쓸까? 하다가 나온 게 AI 채용이에요. AI 채용이 그렇게 보이지 않는 그 사람의 숨겨진 역량을 확인할 수 있는 좋은 방법이라는 것이 확인됐고요. 실제 어느 기업에서 개발한 AI 채용 프로그램을 1200여 개 정도 되는 기업에서 사용하고 있더라고요.

　좀 흥미로운 것은 AI 채용을 할 때 지원자가 게임을 통해서 또는 화상 면접을 통해서 대화를 하지 않습니까? 그러면 그 데이터에서 일정한 패턴이 나오거든요. 부서별로 요구되는, 그 부서에서 가장 유능한 사람이 보이는 패턴이 있을 건데요. 그 패턴과 지원자 패턴이 일치하면 이 사람은 유능한 사람일 가능성이 높은 거죠. 이것을 AI가 딥러닝을 통해서 데이터를 축적해서 그런 사람을 찾는 거죠. 데이터가 축적되면 될수록 그 정확도는 더 높아집니다. 그래서 한 10년 정도 지나면, 지금도 그런 흐름이 대세인데, 말할 수 없을 정도로 그 변화의 속도나 발전 속도는 커질 거라고 생각합니다.

강 ✽ 교사를 뽑을 때도 면접 시간이 너무 짧아서 도식적으로 하는 경우가 있는데요, AI 면접을 잘 생각해봐야 할 것 같습니다.

정년 연장과 청년들의 취업 기회, 인공지능을 필두로 하는 자동화의 흐름. 이런 것들 때문에 앞으로 고용시장이 더 줄어들 것이라는 전망도 있는데요, 이런 문제에 대해 고민하신 게 있다면 말씀해 주세요.

송 ✽ 산업의 전반적인 재편 현상에 대해서는 좀 더 연구를 해야겠지만, 사람이 그동안 해왔던 일을 기계가 대신하는 세대로 시대가 급속히 재편되고 있고, 일자리의 종류와 숫자가 굉장히 줄어들고 있어요. 이런 흐름 때문에 고용 역시 긍정적인 현상들은 앞으로 많이 둔화될 거예요. 그러나 또 한편으로 보면 창업은 폭발적으로 늘고 있어요. '언제 취직하고 월급 받아서 집 사고 경제적으로 안정된 생활을 하나'라는 생각이 젊은이들 사이에 좀 있는 것 같고, 새로운 방식의 도전을 할 수밖에 없는 상황들, 국가의 지원 등이 지금 이런 흐름을 만들어 가고 있는 것 같습니다.

이 사회에서 연봉과 안정성에 기준을 두고 일자리를 찾으면 그 가능성은 굉장히 줄어들어요. 그리고 그렇게 선택하는 것이 과연 좋은 일자리를 찾는 올바른 방법인가? 라는 것도 생각해 봐야 합니다. 돈과 안정성이라는 것은 물론 굉장히 중요한 기준이지만, 그게 좋은 일자리의 가장 중요한 기준이어야 할까요? 입직단계에서 그것만 찾다 보면 결국 그런 일자리가 별로 없다는 것만 확인할 뿐 아니라, 그 일자리에 들어간 당사자도 그렇게 행복하지는 못할 겁니다. 의사가 되는 이유가 안정성과 돈 때문이라고 한다면 그 의사에게 환자는 돈과 안정성을 위한 수단일 뿐이지 목표가 아니거든요. 그러면 의료

행위 자체의 만족도는 떨어질 수밖에 없어요. 환자를 치료하는 것을 목적으로 삼아야 일을 하는 것 자체에서 보람을 느끼죠.

그런 의미에서 일자리에 대한 기준 자체가 재편돼야 하고, 좋은 일자리가 무엇인가에 대한 고정관념이 깨져야 해요. 자기 나름대로 의미 있는 기준을 잡아서 일자리를 찾고, 준비하고, 일자리를 통해서 나의 이익이 아니라 내가 만나는 소비자에게 도움이 되는 기여를 하겠다는 마음으로 그 직업을 수행하고. 그렇게 살아가는 사람들에게 직업적인 안정이나 경제적인 안정이 뒤따라오도록 해야 해요.

강 ★ 저도 아이들이 자기가 좋아하는 일, 자기가 잘하는 일을 하면서 직업적 안정성과 경제적 안정이 따라오는 그런 일자리들이 많이 생겨야 한다고 생각합니다. 아까 창업 말씀을 하셨는데 젊은이들의 특권, 학생들의 특권이 실패할 기회가 있는 것이라고 생각하는데요. 아이들의 실패는 용서해 주고, 정리해 주고, 오히려 응원해 줘야 하지 않을까요? 우리 아이들이 걸음마를 배울 때 보면 수만 번의 실패에도 다 박수쳐 주고 잘한다 잘한다 하잖아요. 그러다가 아이가 나이를 먹고 커 가면서 이제 실패를 용서하지 않는, 한 번의 실패가 낙오가 되는 것 같은 분위기로 바뀌죠. 저는 20대의 창업은 실패를 경험해야 한다고 보는데, 지금 우리 사회는 이런 걸 받아 줄 수 있는 분위기인가요?

송 * 이 세상에 태어나면 실패의 경험은 불가피해요. 그런데 '언제 실패할 거냐?', '무엇으로 실패하냐?'가 진짜 중요하죠. 사실 부모님 품 안에 있을 때 실패의 경험을 많이 하는 게 좋습니다. 부모가 사랑으로 지켜 줄 수 있는 그 공간 속에서 아이들이 자기가 하고 싶은 일들을 위해서 부단히 노력하다가 그것에 어긋나고 또 어긋나고. 그러면서 뭔가 새로운 시도를 하고. 이 과정을 거친 아이들은 나중에 사회에 나가서 뭔가를 할 때 실패할 가능성이 훨씬 줄어듭니다. 실패를 전혀 하면 안 된다는 이데올로기에 있으면 아이가 실패를 두려워해서 오히려 사회에 나왔을 때 실패를 하기가 정말 쉽죠.

특히 창업활동을 할 때는 실패할 우려가 굉장히 높아요. 사실 그렇기 때문에 실패를 두려워하지 않도록 국가에서 안전망을 갖춰 주는 것도 필요한데, 그렇지 않다 할지라도 실패의 경험은 그다음 성공을 위한 실마리가 되기도 하죠. 앨빈 토플러가 이런 말을 했습니다. '젊음의 특권은 모험을 하기 위해서 자기 인생의 불을 저질러 보는 것이다.' 한국 사회 같이 경쟁에서 낙오되면 돌아보지 않는 이런 세상일지라도 무언가를 위해서 한번 저질러 보는 용감함. 이런 것들은 절대 포기하면 안 된다 그렇게 생각합니다.

강 * '지잡대'라는 말이 있는 것처럼 중소기업을 무시하는 경향도 요즘 젊은이들 사이에서 많이 보입니다. 하지만 기업에서 직원을 채용할 때 업무수행 능력을 중요하게 보잖아요. 중소기업에서의 경험이 나중에 자기가 가고 싶은 기업에 취업할 때 유리하게 작용할 수도 있을 것 같은데 실제로는 어떤가요?

송 * 과거에 우리 노동 영역에서 논쟁이 하나 있었습니다. 구직자가 입직단계에서 중소기업에 들어가면 이 중소기업에서의 경험이 대기업이라든지 자기에게 더 유리한 기업으로 갈 수 있는 발판이 되느냐? 아니면 중소기업에서 시작하면 중소기업에서 끝나느냐? 이런 논쟁인데요. 그래서 발판이 되면 '찬스'라고 하고, 거기서 묶이게 되면 '트랩(덫)'이라고 했죠. 과거 10년 전에는 이것을 덫이라고 보는 판단이 굉장히 많았어요. 그런데 최근 들어서 대기업이 수시 채용으로 직원들을 채용하면서 중고신입이라고 하는, 경력을 가지고 있는 신입을 채용하거나 아예 경력자를 채용하는 흐름이 생기고 있어요. 그래서 동종업계에서 경력을 얼마만큼 쌓느냐가 그다음 단계로 진입하는데 굉장히 중요해졌어요.

그리고 중소기업 사장님들도 어차피 우리 기업에 들어온 아이들은 3년 내지 5년 정도 있으면 다른 기업으로 갈 가능성이 높다고 생각하고 '너희들도 여기서 열심히 일하면 대기업이나 헤드헌터가 너를 주목한다'고 이야기하며 격려해요.

강 * 직업 교육의 방향성도 고민인데요. 직업 교육을 하는 고등학생들의 미래 일자리라든가 직업 채용 이런 부분에 대해서는 어떤 입장을 견지해야 되는지 대표님의 의견을 구합니다.

송 * 이 부분은 저도 고민을 깊게 해야 할 것 같은데요. 정책적으로는 고등학교를 졸업하고 곧바로 직업 세계에 들어가는 것을 장려하는 방식의 대입제도가 만들어지면 좋겠다고 생각합니다. 재직자전형이란 것도 있지 않습니까? 고등학교를 졸업하고 곧바로 기업에 들어가서 몇 년 동안 있으면 대학에 다시 들어갈 수 있는, 기회의 폭을 넓혀 주는 진로의 트랙인 거죠. 이런 방식으로 대학입시를 좀 더 유연하게 운영할 필요가 있다고 생각해요.

그리고 중요한 게 우리 아이들이 고등학교를 졸업하고 일자리에 들어갔을 때 그 일자리가 나의 평생을 보장해 주지 않는다고 한다면, 고등학교 때 기술만 배우는 것이 아니라 그다음 일자리로 내가 내몰리게 되는 상황이 됐을 때에도 두려워하지 않고 그 상황에 의연하게 대처할 수 있도록 하는 힘, 그런 역량을 좀 갖추게 했으면 좋겠어요. 그게 기술력이 될지 또는 빠르게 학습하는 어떤 문제해결력이 될지는 모르겠습니다. 이런 부분들은 조금 더 파악해야겠지만 굉장히 중요하다고 생각합니다.

지금 미국 같은 경우도 기업의 생존률이 6년 내지 8년 정도로 많이 떨어진 것 같더라고요. 우리나라도 그렇습니다. 한 일자리가 5~6년 정도 지나면 갑자기 그냥 폐업하는 상황이에요. 그래서 조기에 자기 진로가 고착되고 거기에 안주하려는 흐름은 매우 위험해요. 직업 교육과 함께 보편적 능력을 갖출 수 있도록 해야 해요. 직업 교육에서 놓치기 쉬운 부분들이죠. 일반적인 어떤 역량을 키워 내는 것, 직업전선에 들어갔더라도 나중에 기회가 되면 다시 공부할 수 있는 길을 국가가 열어 주는 그런 방식이 필요하다고 생각합니다.

강 * 최근 기업이 원하는 인재상이 그동안 저희가 해 왔던 교육의 방향과 크게 어긋나지 않아서 살짝 안심이 되기도 합니다. 예전에도 그렇고, 지금도 그렇게 생각하시는 부모님들이 계시지만 과거에는 학벌이 생존전략이었다면 이제는 할 수 있는 힘을 키우는 것이 아이들의 새로운 생존전략이라는 생각이 듭니다. 그리고 이런 내용을 부모님이나 선생님들이 현장에서 잘 생각해 주셨으면 좋겠습니다.

송 * 저희가 기업의 채용 현황들을 쭉 파악해 보니 학벌 중심의 채용 관행이 많이 깨지고 있습니다. 흥미로운 사실이죠. 일자리는 좁아서 경쟁은 더 치열함에도 불구하고 학벌 중심의 기준은 낮아지고 있고, 실제로 그 직군의 역량을 얼마나 갖고 있는지를 체크하는 흐름이 강화되고 있으니까요. 초·중·고 교육에서 지금의 고답적인 입시교육에서 벗어나서 새로운 교육을 시도하려고 발버둥쳤던 교육자들과 부모님들에게 지금의 채용 흐름은 긍정적 메시지를 준다고 생각합니다. 그리고 아이들을 지키고 아이들답게 키우려고 하는 그런 흐름들이 이제는 교육의 목표일 뿐만 아니라 사회에서 생존하는 데에도 굉장히 중요한 저력이 된다는 것을 인식하시고 힘내서 열심히 정진해 주시면 좋겠습니다.

중학교에서 고등학교로 진학할 때 강원도를 벗어나면 인재 유출, 대학교로 진학할 때 강원도를 벗어나 타 시도나 서울로 가면 인재 양성. 강원도 주민들과 이야기하면 종종 듣는 말이다.

생각의 전환이 필요하다. 그리고 상상력도. 자신의 진로 계획에 맞게 학생들 스스로 시간표를 짜고, 다른 학교의 수업도 온라인으로 들을 수 있고, 지역 사회 프로그램에 참여하는 것으로 학점을 이수할 수 있는 학교 시스템. 자신의 진로를 충분히 탐색하고 선택할 수 있게 다양한 상담과 체험 기회를 주고, 진로 전환도 쉽게 할 수 있는 교육 시스템은 정말 불가능한 일일까.

기후위기에 응답하라

– 청소년 기후행동 활동가와 만나다

최근 청소년 기후행동 활동가와 토론하는 시간이 있었다. 청소년들은 무책임한 기성세대를 준엄하게 꾸짖으며 교육 시스템의 생태적 전환, 미래 세대의 정책 참여, 시민들의 연대를 힘들게 하는 교육 불평등 문제의 해결을 요구했다. 구구절절 옳은 지적이다. 늦었다고 생각하는 지금 이 순간이 앞으로 남은 시간 중 가장 빠른 선택의 순간임을 되새기며, 청소년들의 질문에 대한 답변을 간단하게 싣는다.

Q * 코로나 이후 더욱 심화된 교육 불평등은 기후위기를 바라보는 사람들의 시각에도 큰 영향을 준다고 생각합니다. 교육 불

평등은 시민들 간의 격차를 만들고, 이는 기후위기 문제 해결을 위한 연대를 약하게 만들기 때문입니다. 교육 불평등을 줄이기 위해서 강원도교육청에서는 현재 어떤 실천을 하고 있는지 궁금합니다.

강 ＊ 우리 공동체의 지속가능성을 위협하는 가장 큰 도전은 '불평등'입니다. 특히나 부모 세대 소득과 여유의 불평등이 기회의 격차를 만들고, 결과의 격차로 연결되는 구조가 점점 강해지고 있습니다.

　여러 법적·제도적 장치들이 불평등 완화의 노력을 방해하고, 더 나아가 교사들을 무기력하게 만들고 있다고 봅니다. 대표적인 것이 상대평가와 대학 서열화입니다. 달리기에 비유하자면, 우리 교육은 마치 100m 빨리 달리기 같은 느낌이죠. 한 방향으로 빨리 달린 등수대로 서열화된 대학 간판을 보상해 주는 구조라고 할까요?

　그러다 보니 일부 계층에서는 부모 찬스를 써서 조금 더 앞서 출발하거나 조금 더 빠른 자동차를 타고 가려고 반칙이 횡행하는 분위기가 지난 수십 년간 이어져 왔습니다. 그렇게 경쟁에 몰입하는 10대를 보내고 나면, 고작 20대 초반인데도 순위가 처지는 학생들은 자신감을 잃고, 순위가 앞선 학생들은 나의 노력에 사회가 보태 준 게 뭐냐며 이기심이 많아지는 경향조차 있는 것이 사실입니다. 더 좋은 공동체를 만들기 위한 연대의 기반이 무너지는 것이죠.

교육이 먼저 바뀌어야 합니다. 공교육은 '불평등에 맞서는 방파제'가 되어야 합니다. 그 전제조건은 '학습은 경쟁이 아니라 복지'라는 관점으로 전환하는 것입니다. 학습을 통해 모두의 잠재력을 최대로 이끌어 내는 것이 학생들의 권리이자 공교육의 책무라고 인식하는 것이죠.

구체적으로는 모든 교실에서 맞춤형 개별화 교육을 실천합니다. 학생들의 학습 속도와 개성에 맞는 저마다 다른 학습목표를 세우고, 친절한 피드백으로 성장을 돕겠습니다. 중학교 1학년에는 '공부하는 방법'에 대한 학습코칭을 집중하고, 중3과 고1 과정에서는 진로 탐색과 학습 설계 코칭을 강화하겠습니다.

앞서 지금의 교육을 100m 빨리 달리기에 비유했는데, 앞으로의 교육은 저마다 다른 방향으로 뛰는 장거리 달리기가 되어야 하겠습니다. 그러면 모두가 1등이 될 수 있거든요. 내실 있는 고교학점제와 취업·예체능 특화 새꿈학교를 통해 진학을 희망하는 학생, 취업을 희망하는 학생, 예체능에 소질이 있는 학생 모두가 최선의 교육을 받고 미래를 탐색해 나갈 수 있도록 지원하겠습니다. 물론 더 촘촘한 사회안전망과 대학 서열화 완화, 대입제도 개선이 함께 수반되어야 하겠습니다.

Q * 청소년 기후행동에서 '응답하라 전국 교육청'이라는 이름으로 각 시·도교육청에 교육 시스템의 생태적 전환, '탈석탄 금융'을 선언한 은행을 우대한다는 조례 개정 등 기후위기 대응을 요구했습니다. 강원도교육청은 기후위기 대응을 위해 어떤 노력을 하고 있고 앞으로의 계획은 무엇인지 궁금합니다.

강 * 교육과정 속에서 다양한 실천들이 있었습니다. 최근 가장 인상적인 것은, 원주 3개 학교에서 실행한 [행동하는 생태·환경 교육 프로젝트]였습니다. 학생들이 기후위기의 심각성에 대해 이해하는 것을 넘어, 누구나 쉽고 재미있게 실천하며 자신과 사회의 변화를 이끌어 내는 과정을 설계해 보았습니다.

학생들이 음식 남기지 않기, 페트병 라벨 제거 후 분리수거하기, 개인 컵 사용하기, 계단 이용하기, 환경 관련 도서 읽기

등을 실천한 후 핸드폰으로 QR코드를 찍어 보내면 포인트가 적립되고, 그 포인트에 비례해서 공공기관이 사회적 기부를 하는 방식입니다.

학교의 호응이 좋았습니다. 학생들이 동기 부여가 되니까 기후위기에 대한 관심도 커지고 관련 지식도 더 잘 빨아들이더라는 이야기를 들었습니다. 3개 시범학교의 성과를 모아서 내년에는 원주 지역 모든 학교로 확산하고, 내후년에는 강원도 모든 학교에서 실행해 보고자 생각하고 있습니다.

기후위기 대응을 위해 교육 시스템 전반으로 시야를 넓힐 필요도 있겠습니다. 2030년까지 강원도교육청과 도내 학교가 보유한 모든 차량을 친환경 전기차, 또는 수소차로 교체하겠습니다. 그린스마트스쿨 사업으로 증·개축되는 모든 학교 시설은 '탄소 배출 제로'를 지향하겠고요, 코로나19 대유행이 종식되더라도 주요 회의나 공공 행사를 메타버스로 구현하는 방안을 추진하겠습니다. 일부 학교에서 시범 실시 중인 채식 급식도 모든 학교로 확대하겠습니다.

주거래 은행을 선정할 때 화석연료에 투자하지 않는 은행을 우대하여 선정하라는 청소년 기후행동의 제안도 적극 검토하겠습니다. 더불어 이 많은 아이디어가 아이디어에 머물지 않도록, 교육계의 집단 지성을 모아 조례 제정을 추진하겠습니다.

Q * 기후위기의 특징은 정책결정권자와 최우선 피해자가 다르다는 점입니다. 모두를 위한 기후정치를 실현하려면 학생들이 직접 정책 결정에 참여해야 합니다. 강원도교육청은 학생들의 민주적인 정치참여를 위해 어떤 계획을 가지고 계신가요?

강 * 광장의 민주주의 시대를 지나 일상의 민주화가 필요한 시대입니다. 어려운 말로 '행위주체성'이라고 하나요? 학생들이 학습과 생활의 모든 측면에서 주도성을 발휘하며 더 좋은 공동체를 만들어 가는 경험 자체가 교육의 본질에 가깝다는 생각이 점점 확대되고 있습니다.

일단 모든 학교의 수업에서 학생들의 탐구 기반 학습과 사회참여, 정치토론이 확대되어야 하겠고요. 특히 의무교육 기간이 끝나는 중3 마지막 학기에는 배운 것을 활용해서 우리 공동체에 도움 되는 무언가를 기획해서 실천해 보는 프로젝트 학습을 축제처럼 해 봤으면 좋겠어요.

학교 운영에 있어서도 학생자치 대표가 학생들의 의견을 수렴하여 법적 기구인 학교운영위원회에 참가할 수 있는 구조를 만들어야 하겠습니다. 이러한 경험을 통해 지식과 세계가 하나로 통합되고, 앎과 삶이 하나 되는 시민으로 성장할 수 있다고 생각합니다.

또 하나, 아이디어가 있습니다. 매년 학생 대표들과 교육감이 정책 대담을 나누는 자리가 있습니다. 학생들의 의견을 정책에 반영하겠다는 취지인데, 교육청 모든 부서가 경청하려고 노력은 하지만 별다른 강제성이 없다는 지적도 있었습니다. 저는 정책 토론에서 제안된 학생 대표들의 의견에 대해서 각 부서가 답변을 작성하고 나서, 학생 대표의 결재를 받으면 좋겠어요. 학생 대표가 결재해 주지 않는 답변은 교육감도 결재를 할 수 없는 거죠.

이러한 과정을 통해 정치 참여 역량이 높아진 학생들이 더 좋은 대한민국, 나아가 지속가능한 세계를 만들 거라고 믿습니다.

미래역량 키우는 '학습복지,'
앞으로 강원교육의 비전

※ 이 글은 2021년 10월 13일 오마이뉴스에 실린 인터뷰 기사 전문입니다.
실리지 못했던 내용들이 있어 전문을 공개합니다.

지난 7일, 강원도교육청 강삼영 기획조정관을 만나 코로나 이후의 강원교육과 지난 7월 발표한 '강원교육 비전2030'에 대해 이야기를 나눴다. 강 기획관은 코로나19로 인한 도내 학생들의 학습결손 해결 방안으로 '소규모 맞춤형 지도'를 제시했다. 또 민병희 교육감 체제 11년간 성과에 대해 무상교육 완성, 고교평준화 및 경쟁 완화, 학교 민주주의 정착을 들고 이것들이 강원교육 역사에 큰 획을 그었다고 평가했다. 다음은 강삼영 기획조정관과 나눈 일문일답 내용이다.

Q * 코로나19가 지속되는 상황에서 강원교육청이 가장 먼저 전면

등교를 결정했다. 배경은?

강 * 학습결손을 우려하는 목소리가 높았고, 더 중요한 것은 관계의 단절이 아이들의 사회성 형성과 인지 발달에 부정적 영향을 주고 있는 상황을 더 두고 볼 수 없었다. 전면 등교를 해도 그간의 경험으로 감염병을 안전하게 통제할 수 있다고 판단했다.

Q * 장기간 코로나19 상황으로 인한 학습 결손 문제가 심각하다는 여론이 많다. 강원도교육청은 어떻게 대응할 생각인가?

강 * 학습 결손은 세계적 관심사다. 우리뿐만 아니라 영국, 독일, 핀란드, 미국 등 세계 각국이 이 문제를 심각하게 보고 예산과 인력을 투입하고 있다.

도교육청이 대학에 의뢰해 연구한 결과 중간층이 줄고 하위층이 늘었다. 주목할 점은 대면수업을 많이 한 학교일수록 중간층이 두터웠다는 것이다. 강원도교육청은 전면 등교와 함께 학습·정서 지원 종합 계획을 시행하고 있다. 학습 면에서 핵심은 정확한 진단을 통한 개별 피드백 강화이다. 교사 1명당 2~3명 정도 소인수 지도가 가능하도록 지원하고 있는데 도내 3천여 팀이 신청하는 등 호응을 얻고 있다.

그밖에도 학교 실정에 맞게 다양한 프로그램을 운영하는데, 문제는 방역까지 담당해야 하는 학교 현장의 피로감이다. 교사는 수업과 생활교육에만 집중할 수 있는 여건 만들기에 더 적극적으로 나서야 하는 이유다. 예컨대 가정체험학습 관련 문서 업무를 간소화하는 앱을 개발해 올 하반기부터 보급하려고 준비 중이다.

Q ＊ 이처럼 코로나19 대응에 바쁜 중에도 지난 7월, '강원교육 비전2030' 초안을 발표했다. 취지는?

강 ＊ 당장은 재난 대응이 급하지만, 교육은 오늘로 끝나지도, 완성되지도 않기에 멀리 보아야 한다. 내년 국가교육위원회 출범, 2022 개정 교육과정, 2025년 고교학점제 도입, 2028년 대입 개편 등 국가 교육 시스템의 큰 변화가 진행 중이다. 누군가는 이런 변화에 능동적으로 대비하면서 미래역량을 키우는 교육을 준비해야 한다.

또 하나, 학령 인구 격감이라는 상황에 어떻게 대처할지 구체적 논의가 필요한 시점이다. 지금 준비하지 않으면 막상 현실에 부딪혔을 때 대처하기 어렵다. 따라서 향후 10년을 내다

보고 지금부터 준비해야 한다. 비전2030은 이런 것들을 준비하기 위한 장기적인 미래 비전이다.

Q * 앞으로 강원교육의 비전을 요약한다면?

강 * 한마디로 요약하면, '모든 아이를 존엄하게 여기고 모두의 잠재력을 이끌어 내는 학습복지'라고 표현하겠다. 민병희 교육감이 추진한 '모두를 위한 교육'의 새로운 버전이다.

Q * '학습복지'라는 개념에 대해 자세히 설명해 달라.

강 * 인간으로서의 바람직한 삶과 우리 사회의 지속가능성을 위해, 공교육은 학생의 문해력, 사고력, 문제해결력 같은 지적 능력뿐만 아니라 공동체 의식, 협력과 배려 등 시민성을 길러야 한다. 학습복지는 이 모든 영역에서 학생의 잠재력을 최대치로 이끌어 내는 것이 '학생의 권리'이자 '공교육의 책무'라는 인식에서 출발한다.

하지만 대한민국 교육의 현재 모습은 그것과 거리가 있다. 개인의 발달과 성취보다 입시, 점수, 상대평가에 기반한 순위를 중시하는 풍토가 여전하다. 단편적인 지식 위주 평가도 여전히 힘을 발휘하며, 정작 국가교육과정이 의도하는 '미래역량을 키우는' 교육은 대세가 되지 못하고 있다. 이를 극복해야한다.

지난해 신생아는 불과 27만 명이고 합계출산율 0.84는 개선될 기미가 없다. 너무나 소중한 이 아이들을 소모적 경쟁으로 내몰지 말고, 모두가 학습의 기쁨을 느끼며 저마다의 가능성을 현실로 만드는 교육이 절실하다. 선진국으로 인정받는대한민국에서 더 이상 미룰 일이 아니다.

Q ∗ 비전2030에서 강조하는 '개별화 맞춤형 교육'도 학습복지의일환인 것 같다.

강 ∗ 그렇다. 정규 교육과정에서 아이들 한 명 한 명의 특성에 맞는 교육을 하자는 것이다. 보통의 교육과정은 중간층, 약 70%학생들의 성장에 초점을 두고 있다. 이 70%의 학생들은 대부분 무리 없이 교육과정을 따라간다. 그러나 나머지 10~30%의 아이들에 대해서는 개별적인 교육과정을 도입을 해야 이들이 학습에 흥미를 가질 수 있다.

천천히 배우는 학생들을 위해서는 학기 초에 담임교사와

학부모, 전문가가 함께 학생을 진단하고, 한 학기 동안 배우고 도달할 목표를 공유해야 한다. 담임교사의 지도만으로 힘든 학생들을 위해 기초학력 전문교사가 지원하는 시스템도 준비하고 있다. 잘 정착하면 학교 교육에 대한 신뢰는 자연스럽게 올라갈 것이다.

보통 교육과정을 훨씬 뛰어넘은 학생도 있다. 이들에게는 더 높은 성취 목표를 제시하고 적절한 피드백으로 더 큰 성장을 이룰 수 있도록 지원해야 한다.

모든 아이들에게 공통적으로 중요한 것은 다변화될 미래사회를 살아갈 힘, 즉 스스로 공부하는 힘을 키워 주는 일이다. 이를 위해 모든 학생들이 선생님이 제시하는 큰 주제 아래, 스스로 목표를 설정하고 주도적으로 탐구하는 프로젝트 수업을 확대할 필요가 있다. 아울러 자기주도 학습력을 길러 주는 학습 코칭을 중1과 고1 단계에서 집중해야 한다고 본다.

Q ＊ 평가는 어떻게 바뀌어야 하나?

강 ＊ '공부 잘한다'는 말이 무엇을 뜻하는지 성찰해 봤으면 좋겠다. 학습의 목표는 수업시간에 열심히 참여하고 질문과 토론에 적극적이고, 또 교사가 제시하는 과제를 창의적으로 해결하고 자신이 배운 것을 실제에서 잘 활용하는 것이 핵심이다. 그렇다면 평가 역시 이 방향으로 맞춰 가야 한다고 본다.

평가는 줄 세우기를 위한 것이 아니라 학생의 성장을 돕는 섬세한 도구가 되어야 한다. 좋은 선생님은 평가에서 학생의 성장과 피드백을 중요시한다. 학생이 무엇을 잘하는지, 무엇이 부족한지 교감하고 재도전 기회를 주면서, 학생이 어려워하는 부분을 적극적으로 도와준다. 이것을 '성장을 돕는 평가'라고 한다.

더 나아가 서·논술형 평가나 프로젝트 평가 등 고등사고력을 측정하는 평가를 정착시키는 방안을 구체적으로 고민해야 한다. 국제바깔로레아(IB) 같은 경우에는 적극적인 연수와 교차 채점 등을 통해 평가의 신뢰성을 높이는 장치를 두고 있다.

지난 12년은 학교와 교사의 자율성을 바탕으로 수업·평가 혁신의 가능성을 모색한 시기였다. 행복성장평가제, 배움성장평가제의 성과를 바탕으로 좀 더 정교한 지원체제를 짜서 수업과 평가 혁신을 전면화해야 한다.

Q * 학교 선생님들은 '개별화 교육'을 하기엔 학급당 학생 수가 많
다고 주장하는데?

강 * 전적으로 동의한다. 아이들 한 명, 한 명에게 따뜻한 눈길을
주려면 학급당 20명까지는 낮춰야 한다. 우리나라 형편에서
충분히 가능한데, 교원 정원을 움켜쥔 정부가 근시안적 경제
논리에서 벗어나지 못하고 있다. 학생이 줄어드니 예산과 교원
을 줄여야 한다는 식이다.

그래서 강원도교육청 자체적으로 내년부터 초등학교 1학년
만이라도 학급 정원을 20명 이하로 추진하려고 한다. 먼저 길
을 만들고 정부의 정책 전환을 이끌어 내겠다는 것이다. 모든
학년에서 학급당 학생 수 20명 이하를 현실로 만들기 위해
모든 교육 주체가 힘을 모아 주기 바란다.

Q * 학력을 높이기 위해 경쟁과 시험을 강화하자는 주장이 있다.

강 * 무엇이 진정한 학력인지 먼저 고민해야 한다. 객관식 시험으
로는 미래사회에 꼭 필요한 비판적·창조적 사고력이나 의사소
통 능력 등을 측정하기 어렵다. 그런데 학력 논의가 수능 점수
같은 객관식 평가에만 갇히면, 학교 교육도 자꾸 시험 점수

1~2점 높이기 위한 소모적인 경쟁으로 흘러가게 된다.

요즘 대입 시험을 수능 하나로 통일하자느니, 초등학교부터 경쟁을 강화하자느니 하는 시대에 역행하는 주장들이 들린다. 매우 우려스럽다. 그렇게 되면 미래역량에 대한 고민은 사라지고 '시험을 위한 시험'만 판을 치게 될 것이다. 이는 우리 미래를 갉아먹는 일이다.

논술이나 포트폴리오, 탐구보고서처럼 종합적 사고력을 측정하는 평가를 강화하고 객관식 시험은 형성평가 등에서만 활용하는 것이 진정한 학력을 키우는 길이다. 교육부도 논술형 수능 도입을 검토하기 시작한 이유다.

물론 기초학력 진단은 필요하다. 정확한 진단과 피드백을 위해 진단도구도 개선되어야 하고 학교와 교사의 책임성도 높아져야 한다. 정책 수립을 위해 표집 검사도 필요하다. 정확히 진단하고 그 결과에 따른 지도가 체계적으로 이루어진다면 '시험이 부족해서 아이들 학력이 떨어졌다'는 주장은 사라질 것이다.

Q * 출산율 감소로 강원도에도 작은 학교가 많아지고 있는데, 어

려움은 없는지?

강 ＊ 당연히 어려움이 많다. 정부의 지속적인 교원 감축으로 특히 중등의 상황이 심각하다. 교원 부족으로 작은 학교에 과목별 교사를 모두 배치할 수 없으니 겸임교사가 늘어난다. '학생 수 감소=교원 감축'이라는 정부 논리를 바꿔 내는 것이 시급하다. 이명박·박근혜 정부 때 작은학교 통폐합 기준이 60명이었는데, 기준대로라면 도내 학교 절반이 없어져야 한다. 지역 현실에 맞는 대안이 필요하다.

지금 강원도는 학생들의 사회성 형성이 어려운, 학생 수 10명 이하의 '지나치게 작은 학교'도 많아지고 있다. 이를 해결하기 위해 미래형 복합캠퍼스 단지 및 초·중 통합학교나 중·고 통합학교 등도 대안으로 검토되고 있다. 작은학교 희망만들기에 성공한 학교들을 모델로 삼아 특화된 교육과정을 지원하는 것도 필요하다. 교육 구성원 간 소통과 합의를 전제로하는 것은 물론이다.

Q ＊ 농산어촌에 충분한 교육기회가 부족하다는 인식 때문에 도시 집중이 계속되고 있는 것 같다. 이에 대한 대책은?

강 * 공교육 시스템은 차이가 없지만 문화적 자극, 경험 등에서 격차를 느낄 수 있다. '마을교육공동체'나 체험학습 지원으로 이런 격차를 극복할 수 있을 것이다.

비전추진단에서는 앞서 말한 주요 거점마다 조성된 '유·초·중·고 복합 캠퍼스 단지'에 (가칭)창의융합배움터를 운영해 학생들이 예술·체육 활동, 외국어·코딩 학습, 자율 프로젝트 활동 등을 맘껏 누리게 하자는 제안을 했다. 학생들이 동아리를 짜면 전문 멘토를 지원해 주고, 아시아 국가 봉사활동을 확대하는 등 학생들의 문화역량을 높여 주는 정책도 적극 고민하고 있다. 요즘 뜨거운 관심사인 '메타버스'로 진로교육 시스템을 구축하는 것도 추진하고 있다.

Q * 비전2030 초안에서 지역에 오래 머무는 선생님, 즉 '지역교사제'도 눈길을 끌었다.

강 * 읍면 지역 학부모들에게는 '선생님이 너무 자주 바뀐다'는 불만이 있다. 도시와 농산어촌의 사회경제적 격차 때문이다. 이런 문제의식으로 2030비전추진단에서 '지역교사제'를 제안했다. 교사가 특정 시·군에 뿌리내리고 오래 근무하도록 지원하는 인사제도를 만드는 것이다. 별도로 선발하거나 현직 교사들의 희망을 받는 방식이다. 더 나아가면 지역의 대표적인 교대·사범대와 적극적으로 상의해서 지역인재의 입학을 늘리는 것까지 포함된다.

Q ＊ 학부모들의 또 다른 중요한 관심사 중 하나는 '돌봄'인 것 같다.

강 ＊ 중요한 문제다. 돌봄이 국가 책임이라는 인식은 자리 잡았지만 구체적인 방안은 아직 논쟁 중이다. 다만, 현재처럼 학교가 돌봄 책임을 모두 떠맡는 것은 합당하지도 효율적이지도 않다. 학교와 지자체가 협력하는 공공 돌봄체계가 필요하다.

현재 운영 중인 돌봄 외에 추가적인 돌봄 수요에 대해서는 학교에 돌봄 공간을 확보하고 운영은 지자체가 맡는 모델을 적용해 보면 어떨까 한다. 물론 지자체에서 무분별한 민간 위탁으로 넘기지 않는다는 전제가 필요하다. 아이들을 중심에 놓고 사회적 합의를 추진해 나가야 한다.

Q ＊ 학교자치가 교육계의 화두다. 앞으로 교육청의 역할도 바뀌어

야 할 것 같다.

강 * 현재 지역교육청은 '교육지원청'으로의 역할을 하고 있다. 강원
도는 학교지원센터와 학생지원센터를 만들어 학교에서 하던
많은 일들을 이관받고 있다. 학교가 학생의 교육활동에 전념
할 수 있도록 하기 위한 제도다.

앞으로는 교육청이 학교지원을 어떻게 하고 있는지 분석하
고 그 결과를 바탕으로 개선책을 만들어 가도록 해야 한다.
예컨대, 교육과정 운영과 수업·평가 혁신에 대해서 충분한 컨
설팅과 연수를 제공했는지, 지역사회와 학교를 연결하는 데
도움이 됐는지, 업무 부담 경감에 실질적으로 기여했는지, 학
교를 힘들게 하는 갈등과 민원 해결에 도움이 됐는지 등에 대
해 학교로부터 구체적인 의견을 들어 봐야 한다.

아울러, 학부모와 교직원 사이의 신뢰를 높이기 위한 역할
도 강화해야 할 것이다. 학부모의 마음을 얻으면, 오히려 선생
님의 든든한 우군이 된다. 다양한 연수와 소통을 기획할 필요
가 있다. 더 나아가 일상적으로 단위학교 평가의 타당성과 신
뢰성을 높이는 역할도 필요하다. 학부모의 부당한 간섭이 있
을 때에는 교육청의 권위로 단위학교의 교육과정을 지켜 줘야

한다.

Q ＊ 민병희 교육감 재임 기간의 성과라면 어떤 것이 있는가?

강 ＊ '모두를 위한 교육' 12년의 성과를 요약하면 ▲무상교육 실현 ▲과도한 경쟁 완화 ▲학교 민주주의다. 민병희 교육감 재임 기간, 무상급식과 고교 무상교육 등으로 공교육에서의 경제적 문턱은 사라졌다. 더불어 춘천·원주·강릉 지역의 고교 평준화도 안정기에 접어들었고, 사교육 참여도도 10년 전 고입 경쟁이 치열하던 때에 비해 줄어들었다. 학교 현장에서의 권위주의나 갑질은 현격히 줄고 민주적 문화가 자리 잡고 있다. 모두 강원교육 역사에 큰 획을 그은 성과다. 이 성과를 계승 발전시키고 부족한 부분을 채워 나가는 것이 앞으로 과제다.

4부

시 쓰는 선생님

오늘 쓰는 어제 일기

마당이 바짝 말랐다.
잔디가 잎을 바늘처럼 말았다.
꽃은 피고
오월도 떨어져 간다.
뚝뚝.

교육

또 다른 변화가

눈앞에 펼쳐질 것이다.

준비하라

이제는 사람이다.

(2017. 5. 20.)

권정생 선생님께

선생님,
권정생 선생님,
선생님의 아이들에 대한 사랑
바람 따라
온 세상 곳곳에서
싹을 피웁니다.

그리고
강아지똥 거름 삼아
노란 민들레꽃
피웁니다.

민들레꽃 볼 때마다
선생님 생각나겠지요.

강아지똥 눈물 닦아 주는 민들레꽃처럼

자신을 녹여 민들레 씨앗의 꿈을

이뤄 주는 똥처럼

선생님 뜻 잊지 않고

우리 아이들

하늘처럼 섬기며

살겠습니다.

(2007. 6.)

4학년

목욕탕 타일에 기다란 머리카락 붙었다.
2자 모양이다.

2학년은 정말 쉬워
1학년은 더 쉬워
3학년도 그리 어렵지 않았지.

4학년은?

정말 어려워.

봐, 5학년도 6학년도 금방 되잖아.

4학년이 얼마나 어려웠으면

중학교랑 고등학교는 3학년까지만 있겠어

그런데도 엄마는

그것도 못한다고

그것도 못한다고

묻지 마

아빠, 사자랑 호랑이가 싸우면 누가 이겨?

아빠, 배트맨하고 스파이더맨이 싸우면 누가 이겨?

아빠, 티라노랑 알로가 싸우면 누가 이길 것 같아?

야, 넌 어떻게 맨날 그런 것만 물어보니?

뭐, 어때요.

아빠도 날마다

"엄마가 더 좋아? 아빠가 더 좋아?"

물어보면서

무논

물 들어온다.
개구리 소리 크다.
햇살, 바람, 별빛,
산 그림자까지.

우주가 깃들고 있다.

살구

노랗게 익었다

아직은 시어
아직은 딱딱해

조금 더 달면
조금 더 말랑말랑해지면

기.다.렸.는.데.

바람이란 놈이

먹을 것도 아니면서

살구나무 죄다 흔들어 놓았다

얼른 나가 바가지 가득

살구 주웠다

하지 못한 말

승훈이가
자꾸 장난을 건다.

그러다
날 툭 치고
냅다 복도를 뛴다.

승훈이를 뒤쫓다
2층 계단에서 교장 선생님을 만났다.

"야, 너 이리 와 봐.

6학년이 이러니까

다른 애들도 다들 뛰는 거 아냐

너 사람과 동물이

다른 게 뭔 줄 알아?"

'뛰었다고 벌주는 거요.'

(2009. 11. 9.)

평균의 함정

비가 쏟아진다.
무더운 여름날 기다리던 비가
이제야 온다.
갑작스런 비로 휴업하거나
단축수업을 하는 학교가
생기고 있다.

평균 기온, 평균 강우량, 평균 소득

한 번도 평균적인 삶을 살아 보지 못한
사람들을 기억하라.

심교현의 꿈

교현이가 교장실에 들어와
나를 앞에 세워 놓고
종이에 쓴
글을 읽는다.

"제목 심교현 꿈. 커피 가루 내리기가 가능해요.

에스프레소 머신을 켜고 하는 것을, 커피 잘하고 있어요.

우유에서 스티밍을 했어요. 가루에서 나도 할 수 있다.

잘하면서 힘내죠. 커피 한잔 하실래요."

교현이 꿈이

내 꿈이 되었다.

조금 더

웃어 주고
손뼉쳐 주고
토닥여 주고
바라봐 주고

그렇게 10만 번

그 힘으로
아기는
아빠 품까지 걸었다.
(2017. 8. 28.)

보리

흙먼지 날리는 텅 빈 밭
가을걷이 끝났다.

가을 가뭄 끝에
촉촉하게 비가 뿌리고

언뜻언뜻
보리 싹, 고개 내밀더니
흙빛 가득하던 사래 긴 밭
연둣빛으로 바꾸어 놓았다.

목숨 가진 모든 것들
안으로 안으로 움츠러들어도
보리는
손가락만큼 고개 내밀고
찬바람 이겨 낸다.
(결코 지는 법이 없다.)

오월의 초록 꿈꾸고 있기에
희망 버리지 않고
시린 눈
녹여 먹으며
가장 먼저 봄을 맞는다.
(2007. 11. 22.)